劉國瑞──著

本心‧問學人生

楔子

西潮漫湧破浪來
激思衝俗蕩百年
東風既起
半世負笈萬里重洋
際會風雲寒徹骨
問學甲子白了鬢
落葉無處不歸根
尋道何處且莫問
天下賢士豪俠盡結之
常做煙客主人江上來

獻給追夢的人
2024 於美　馬里蘭州　波多馬克

本心：問學人生

目次

楔子 …………………………………………………… 003

第一章　緣起：承諾就是承諾 ………………………… 007
第二章　童年：不是乖乖牌 …………………………… 013
第三章　啟蒙：衛道的青春與思辨 …………………… 020
第四章　立志：從數學實驗班到工學院 ……………… 024
第五章　大學：探索走出自己的路 …………………… 030
第六章　服役歲月：壓迫體制中的自我淬鍊 ………… 038
第七章　負笈美國：在文化衝擊中成長 ……………… 048
第八章　加大：零元帳戶的研究生歲月 ……………… 060
第九章　馬里蘭：突破偏見的學術路 ………………… 071
第十章　美國夢和夢醒時分 …………………………… 081

第十一章	週末的中文學校	086
第十二章	矽谷一年，看見創業的現實	091
第十三章	千里眼：一場未竟的夢想旅程	096
第十四章	波多馬克的歲月	103
第十五章	學問，就是學怎麼問	113
第十六章	資訊革命：AI與通訊世代的演化	128
第十七章	相守一生的夥伴	155
第十八章	風起：一場風暴的前奏	161
第十九章	雲湧：風暴中的堅持與超越	172
第二十章	異域風情：眼界決定格局，胸襟決定氣度	194
第二十一章	無線感知人工智慧：從通訊到感知的躍遷	228
第二十二章	新創人生：用科技改變世界的夢想	241
第二十三章	勇敢追夢，無悔人生	251
圖片選輯	追夢的人	255

第一章
緣起：承諾就是承諾

在 1961 年 2 月的一個清晨，我出生於台灣嘉南平原的小鎮——朴子，也就是母親的娘家。

母親出身於閩南張氏家族，祖先來自福建泉州，源自清河堂，世代居於嘉南平原。閩南人自稱「河洛人」，自古渡海過唐山來台，相傳是自中原河洛地區遷徙至福建。

外曾祖父是我見過最善良的人。他雖然沒有接受過正規教育，卻靠著刻苦自學成為一名會計代書。朴子位於嘉南平原中心，居民多以務農為生。傳說中，人們因為信任他的謙虛與勤奮，紛紛將帳務委託他處理，讓他得以擺脫農務勞作的束縛。憑藉努力與勤儉，他逐漸累積了積蓄，甚至購置了一些田產。

外曾祖父一輩子吃素。在那個沉靜的村莊裡，節慶總少不了盛大的宴席，菜色葷食豐盛，但他總是選擇遠離人群，獨自吃著簡單的素食。每每讓人疑惑：為什麼他總是

這樣？

直到有一天，我終於明白，那是一個他與佛祖之間的誓言。

母親是由外曾祖父撫養長大的。他的兒子，也就是我的外公，曾赴日本留學攻讀醫學。某次假期回台後，他與外婆再次搭船赴日。途中他感染腹瀉，在物資匱乏的二戰時期，船上藥品有限，航行數日抵達日本時，情況已經惡化，最終不幸去世。

當時外婆已懷有身孕，也因此不得不中止她在醫學院的學業。在那個年代，喪偶的婦女幾乎註定終生守寡，儘管她年僅二十多歲。但她卻選擇不被世俗規範所束縛，決定再婚，這在當時的社會眼光中是難以接受的行為。母親因而由她的叔叔和祖父撫養長大。

後來，當她的叔叔也赴日本學醫時，又因病重陷入危急。當時醫療資源極為有限，外曾祖父於是向佛祖祈願：「只要讓我的二兒子平安康復，我將終生吃素以報答神恩。」

外曾祖父的願望實現了！那時他大約四十多歲，直到九十高齡過世，他從未違背與佛祖的誓言。一個人的品格，往往顯現在無人知曉時所做的選擇。誠信是一切成功的根本，而承諾，就是承諾，不需任何形式來加以約定。

至於我的外婆,她是一位走在時代前端、勇於挑戰傳統的女性。她生活在女性極少接受教育的時代,更遑論進入醫學院。她不僅是優秀的運動員、優異的學生,更是志向遠大、潛力無窮的人,但終究被傳統的社會觀念壓垮。多年後,在我十幾歲時,母親與她重修舊好,我才第一次見到她。她後來再婚,育有數子,但終其一生只是家庭主婦,未能實現成為醫師的夢想。

我的父親是客家人,來自廣東饒平,祖籍劉氏客家彭城堂,相傳可追溯至劉邦,是其第三世祖。五胡亂華後,客家人自中原遷徙至南方。家族於清代自廣東遷台,世居苗栗,為當地書香門第,數代皆有監生與大學生,參與地方政事。據說當年日軍自北而南接收台灣至苗栗時,我曾祖父的父親代表地方與日方溝通,以財物換取和平,苗栗因此免於戰火。

祖父畢業於東京大學經濟系,但國民政府遷台後未能獲得重用。父親成為醫師,二叔在日商企業擔任廠長,長期駐泰,三叔則為台大教授。此後家族成員各奔東西,離開了苗栗。

曾祖父早年喪偶。傳說某日他到台北觀看日式舞伎表演,便愛上了後來的曾祖母,開啟了一段異國姻緣,讓我們家中多了一份中日情懷。

由於父親自行開設診所，父母經常日夜忙碌，我從小與曾祖母相處最久，也最受她疼愛。對父母我既敬且懼，唯有曾祖母是我可以撒嬌、任性的對象。我與她的感情最好。她是虔誠的天主教徒，聖誕夜我總陪她上教堂。她看到街上有乞討者，總會從那沒有多少的錢包中掏出一點給他們，並教我要去愛那些可憐的人。她常常摸著我的頭說：「你很聰明，以後一定會成大器。要記得，以前的人常說，越飽滿的稻穗頭垂得越低。」

　　有一次，曾祖母要去日本探望她的妹妹，問我想要什麼禮物。當時台灣物資匱乏，孩子們幾乎沒有玩具。我在電視上看到 NBA 的籃球和英國的泰迪熊，非常羨慕。於是小學階段的我跟她說，我想要一顆籃球和一隻毛毛的泰迪熊。

　　兩週後她回來了，手上抱著一顆 NBA 籃球，我高興得跳了起來，一邊玩一邊問：「那泰迪熊呢？」她緩緩從行李中拿出一隻手工縫製的熊布偶，卻不是我夢想中的毛絨泰迪熊。當時我撇了撇嘴說：「我不要，這不是我要的。」她什麼也沒說，只是默然地沉默。從那天起，我再也沒有見過那隻熊布偶。

　　我忙著與朋友們打球，卻未曾想過，為了我的願望，她與姨婆花了多少天，老眼昏花地縫製出那隻熊，卻被我

一句話打回。也不知道多傷她的心。

曾祖母最疼我。無論我童年多麼調皮,她從未對我發過脾氣。我上大學時,她住在台大附近的小姑姑家,我時常會去看她。有一次我太忙,隔了些時日沒去,她著急地想自己來找我,卻迷了路,差點回不了家。後來她搬去竹南姑婆家,每次我去看她,她總會像我小時候那樣,牽著我的手,在院子裡散步。

幾年後,父親赴日行醫,特地在家中後院為她加蓋一間房,讓她能有個獨立空間,可以煮點東西、看看電視。我後來赴美求學、工作,有機會便到日本探望她。

1991年暑假,我回日本陪她兩週。離別那天,天未亮,濛濛的晨霧中,我準備搭車前往機場回美國。當我將行李放入車廂時,九十一歲的她匆匆從房中走出,手裡提著一袋水煮雞蛋,那或許是她手邊僅有的食物。她在我背後喚著我的名字,將那袋五六顆雞蛋塞進我手中,要我好好照顧自己,好好吃飯。我別過頭,不敢讓她看到我的淚水。

那是我最後一次見到她。隔年櫻花盛開時,她離世了。我曾答應她要接她來美國一起生活,卻再也無法兌現。三十多年過去了,我依然思念她,也沒能揮去心中的遺憾與愧疚。

絢麗的外表或許讓人喜愛，令人歡喜，但樸實的心意蘊藏著永恆的愛。三十多年來，每當我遇到挫折或困難，總會在心中默默想念她，祈禱她能保佑我平安度過，也祈求她能理解年少無知的我，原諒十歲的我曾經推開那隻熊布娃娃。

　　直到很久以後我才明白，最美的泰迪熊，是用愛織成的。我再也沒有擁有過泰迪熊，因為那隻親手縫製的熊布偶，早已永遠在我心裡。牠是我最美麗的泰迪熊，我永遠的熊布娃娃。

第二章
童年：不是乖乖牌

那是 1960 年代。在此之前，我只有些零碎的記憶，像是用煤炭生火煮飯、穿木屐。這些如今看似古老的片段，卻真實呈現了當時台灣早期生活的縮影。

台中南區的瑞豐街，是我記憶中第一個家。我在那裡上幼稚園，走路去台中國小，一直讀到三年級。對讀書的情形記得不多，只記得捉蛇、釣魚、抓青蛙，還有偷挖番薯田，被農人逮到的場景。

父親請了小提琴老師來家中教課，但我從不練習。每到上課時間，老師就會用指頭彈我按琴的手指，真的很痛。久而久之，我便躲起來，總是等到遠遠看見老師離開後，才敢回家。

我還記得我的小學導師叫吳蓀生。我並不是個出色的學生，但他卻選我代表班上參加學校的演講比賽，雖然我從未想過要參加任何比賽。我真的不明白他是如何看上當

時的我。他常在下課後邀我到他家，教我怎麼演講，如何掌握聲調的起伏，怎樣做手勢，不能只是呆站著。那是我第一次知道，原來演講是一門學問，必須吸引人，並清楚傳達出想表達的意思。

　　吳老師是第一位欣賞我的老師，雖然我那時還是一個整天只知道玩耍的小孩，也不知道自己有什麼突出的地方。記得要升四年級的暑假，家裡搬到中區、台中公園旁。吳老師還特地騎摩托車來接我參加暑假的返校日。他會檢查學生是否有按規定完成暑期作業，沒完成的要被打手心。我當然也在被打的行列。

　　老師送我回家的路上，我們幾乎沒說話。我猜他心裡一定很失望，覺得我是扶不起的阿斗吧。那是我最後一次見到吳老師。五十多年過去了，我一直希望能再見他一面，感謝他的提拔與伯樂之識。幾十年後的我，總算沒辜負他當初的眼光與期望。

　　新的小學是光復國小，就在台中公園旁，位於市中心，人口稠密。班上有八十二位學生。下課後，公園就是我們的遊樂場。當時台灣少棒風靡一時，經常奪得世界冠軍，冠軍隊伍多來自偏鄉小孩的勵志故事。下課後，小朋友們都在玩棒球。

　　其實那個時代台灣仍很貧窮，棒球這項運動只需要一

顆球、一根球棒和幾個手套,就能讓二、三十個小孩玩得不亦樂乎。場地也很簡陋,但這運動卻成為全民熱潮。我臂力不錯,常擔任投手。公園裡有個湖,湖邊有個漂亮的亭子,還可以划船。我們經常在那裡釣蝦。

釣蝦比釣魚有趣,魚比較笨,一口就吞餌,蝦子聰明得多,會先用牠的鉗子把餌拖進石縫,再小心試探幾下,確定沒問題才吃。與蝦鬥智的過程特別好玩。

公園旁還有個遊樂園,裡面有撈金魚的攤位。用一個紙糊的杓子撈到的魚可以帶回家,但每次一撈到就破,簡直是用衛生紙糊的,太騙人了!我們這群小孩使用一般的紙自己糊杓子,結果撈了一堆魚都沒破。老闆察覺不對,奇怪他的衛生紙怎麼不破,過來抓人,我們便一哄而散。

回想起來,從小我就註定不是乖乖模範生的料。

新班導師也姓吳,他課後開算術補習班。成績好的學生坐中排,一般的坐在旁邊,沒補習的被排到邊邊靠窗的位置。家庭條件過得去的多會參加,否則待遇真的有差別。我就當那是個俱樂部,反正朋友都在那兒。

這位吳老師有點虐待傾向。考試若沒達到他的標準就要挨打。他工具百出,小藤條打指頭、鐵條打屁股,打彎了還會再打直。他情緒古怪,哪天會發脾氣沒人說得準。他對我也沒什麼特別好感,我常成為他測試新工具

的對象。

記得有一次考試沒達到中排的最低標準九十分，被叫到全班前面，他一句話沒說就用鐵條打我兩下，回家一看，淤血泛紅，三天都坐不下來。

那時黑白電視剛出現，擁有的人不多。有天朴子的外曾祖母來家裡住，母親趁她洗澡高興哼著歌時，要我在外面說我想要電視，結果我們家就有了一台，左鄰右舍經常一起來看電視。

印象最深的是有次半夜起來看太空人即時登陸月球。他說：「這是我個人的一小步，是人類的一大步。」這句話深深刻在我心中。

那時最紅的是布袋戲。黃俊雄先生的戲團以閩南語展現閩南文化的精妙，用詞、典故、語調無不講究，故事多以歷史為背景，圍繞著忠孝仁愛禮義廉恥等傳統價值，表演技藝也出神入化，讓人驚嘆。每到開播，全台準時收看，如癡如醉。

然而，這種熱潮違反當時推行國語的教育政策。我在家講客家話，跟鄰居玩講閩南話，上學說國語。當時學校規定講方言要罰錢，但大家什麼都可以被罰，就是沒什麼錢。

政府後來強制布袋戲改用國語演出，結果變得不倫

不類。閩南語的韻味無法用北京話呈現,就像要用閩南語演京劇一樣,不是成了四不像了嗎?此後布袋戲便漸漸沒落,令人惋惜。

那年代百廢待舉,生活拮据,連見面打招呼都問:「你吃飽沒?」回答也總是:「吃飽啦,你呢?」

我們這些左鄰右舍的小孩沒有電玩,女孩玩布娃娃和家家酒,男孩則玩紙牌、筷子和豆沙包的過關遊戲、射橡皮圈、橡皮圈跳繩比賽。遊戲種類繁多,不亞於今日的電玩。最大差別在於,我們的遊戲是人與人面對面的互動;而如今,多半是人與機器的對弈,甚至對手可能遠在半個地球之外,少了從人際互動中學習成長的機會。科技進步,是福是禍,真是見仁見智。

雖然當時沒有電玩,坊間還真有人能用僅有的器具打造出不輸現代的遊戲機。小學後門外有個老先生,他自製了一台迷宮機器。機器是一塊平板迷宮,用木板隔出牆壁,裡面布滿洞口與陷阱。人坐在機前,投下彈珠,用手腳控制平板傾斜來引導彈珠通過關卡。若順利到出口,彈珠會自動滾到老先生那頭,他就知道你過關了,會給你口香糖當獎賞。

這台機器一邊四個,共八個迷宮,由淺入深。越難的關卡,獎勵越多。每天人潮不斷,大家挑戰自我、分享通

關心得。機器底下還有輪子，老先生每天用三輪車拉來拉去，靠它為生。他的設計真是天才，只可惜生不逢時，否則今日他肯定是個電玩創業家。

當時家對面住著一戶人家，一家四口擠在不到十平方公尺的小角落，下層是賣早餐的店鋪，上層就是他們的住處。在當時的台灣，這樣的情況並不稀奇。

儘管住家狹小，那家人和善樂觀，是個快樂的家庭。爸爸常在門口現煎蔥油餅，香味四溢，我經常過去買，加個蛋，便覺得人生充滿幸福。我也看他怎麼做，至今做蔥油餅仍是跟他學的。

某天，幾條街外的百貨公司失火，雖然最後撲滅了，但聽說那位帶頭救火的義勇消防隊長因氧氣筒故障被困火場，救出時已殉職。從那天起，對面那位爸爸就不再門口煎餅了。

後來才知道，那位義消就是這位爸爸。除了撫養一家，他還默默參與義消救災工作。街坊鄰居都十分難過。他們家雖失去父親，卻仍舊努力生活，和善樂觀。

台灣社會裡，有無數堅韌不拔的平凡百姓，他們創造了一次又一次的奇蹟，從不向命運低頭。那是我第一次體會到志工的意義與偉大。社會上充滿了無私奉獻的人，他們的行動造福了無數生命。

多年後，我也選擇在 IEEE 這個全球大家庭中，當了一輩子的志工。我深信，只有奉獻才會有收穫。我感謝那位爸爸，讓我明白志工在社會中所肩負的神聖使命。

童年，就這樣在成長的過程中悄然逝去。

第三章
啟蒙：衛道的青春與思辨

在 1970 年代，中部最好的初中是衛道中學。過去要考試才能進入，後來政府廢除了入學考試，改採申請方式辦理。不知怎地，我也獲得了校長獎，順利從小學畢業，就這麼進了衛道。這裡是我人生啟蒙的地方。

衛道是由加拿大天主教會創辦的私立學校，辦學風格西化，重視獨立與自由思考，採開放式教學。除了許多年輕的老師，還有不少西方修士與神父，他們皆懷有教育熱忱，有別於公立初中只注重升學與填鴨式教學。這裡沒有大小考試，僅有月考與期末考。

起初我住在學校宿舍。十人一間，上下舖的床，一人一個櫃子，像軍營一樣的寢室，雖然擁擠，但井然有序。每天起床都要把棉被摺得四平八穩，櫃子外的物品也必須整齊擺放，修士會定期檢查，做不好就扣點。餐廳很大，一個寢室一張長桌，大家一起用餐。早餐、午餐與晚餐皆

是大鍋飯,通常是四菜一湯。

早上六點起床後先到自習室早自習。自習室非常寬敞,一人一張固定書桌。接著吃早餐,八點上課,五點放學後是自由時間。六點吃晚餐,七點晚自習,九點就寢。雖然作息規律,但自由度頗高。放學後,我就開始打滑板、打梨球(加拿大特有的休閒活動)、籃球、網球、游泳;晚餐後也一樣。總是沒時間洗澡,所以經常要等到週末回家才洗。現在回想起來,夏天一週沒洗澡的感覺真是難以想像,不知道當時我是如何忍受的,也不知周遭的人是否有察覺異味。

總之,我每天都在運動、玩樂和閱讀各類書籍中度過。到了月考前,我才會加把勁念課本,成績總在前三名,父母因此也沒什麼意見。不過期末考要考整學期的內容,我沒耐性,也沒時間重讀,就只讀新的材料,因此期末成績總是不理想,學期頒獎前三名從未有我的份。雖然沒有學術獎,但我每學期都拿體育獎,表示我自由時間並非白費。

住宿生有一項規定:若寢室內務不佳、早晚自習講話或其他行為被扣點,扣點最高的幾人週六中午返家前須先完成勞動服務。我幾乎每週都榜上有名。所謂的勞動服務,就是幫石修士割草整理校園。修士使用割草機,我們

則負責收拾到處散落的草堆；靠邊的用鐮刀割，難以觸及的地方只能用手拔除。週週如是，那割草的青草味混合盛夏濕熱的汗味，早已沁入我記憶之中。小小年紀，我便練就一身整理花草植物的本領，終身受用無窮。

大概我在修士的黑名單上。有一晚熄燈後，石修士來到床邊叫我去他的辦公室，我心想：不妙，發生了什麼事？辦公室外已有一位學生在等候。我倆站在門外，我怎麼想也想不起來最近幹了什麼大事。不久他帶了一個學生進去，只看見裡頭板子狠狠落下兩記，然後便出來叫我們回寢室睡覺。這不是殺雞儆猴嗎？我們一溜煙地就跑不見人影了。

後來不再住校，便每天騎腳踏車上學，週末也會到學校打球、游泳。PJ住在我上學路線上，我常路過他家，找他一起玩、打球、玩彈珠、練武功秘笈，到處找同學出來玩。我們甚至在夜晚一起躺在學校空曠的草皮上看星星，一整年下來，天上的星座我們幾乎全都認識。我們成了莫逆之交。

每當他媽媽開門看見我，總會說：「又是你來了。」多年後PJ告訴我，他媽媽開門看到是我，總會不滿地叫他：「那個好玩的小孩又來囉！」我和PJ很有緣，後來我們高中同班，進台大也讀同一個系，整整十年同窗同班。

衛道的老師個個都是好老師，教學方式以啓發為主。班上的同學也都是從中部各地甄選而來的優秀學生。MC 是個數學狂，熱衷於尋找各種奇書難題來挑戰我們。他成立數學研究會，邀請 PJ 和我們幾人，暑假和平日一同研讀尚未教授的數學內容、解各類難題。初中三年內，我們已經讀完高中數學課程。MC 讓我對數學產生了興趣，也讓我認識到自己在數理方面的潛能。

升上初三後接觸物理，我便愛上了這門科目，因為我很幸運遇到一位年輕又出色的物理老師。物理與數學其實是一體兩面，前者問「為什麼」、探討原理，後者則提供工具來解答。有了良好的數學基礎，學起物理自然得心應手。很快地，我便超越初中課程，自學起相對論。老師也樂於協助解說推演，從不因內容超出課程範圍而拒絕。

我在衛道度過了愉快的三年。我的獨立思考能力與對數理科學的熱愛，皆源於此。

第四章
立志：從數學實驗班到工學院

　　台中一中是中部最好的高中。高中聯考後，我進入了二十三班。據說數學考滿分的學生都被分發到這個數學實驗班，PJ 也與我同班，而 MC 則到了二十二班，聽說是英文實驗班。這些實驗班皆由最優秀的老師任教，是學校升學主力。

　　高中的氣氛與初中不同。校長將菁英集中編班，顯示出提升升學成績的決心。最好的老師也集中投入這些班級。我們班共有四十六人，三年後的大學聯考中，有二十幾人考上台大，還有十幾人進入各大醫學系，堪稱菁英中的菁英。

　　在這樣的環境中，課業自然沉重。大多數同學下課後都參加校外補習班，英、數、理、化無人不補。父母也希望我多加學習，我便在暑假勉強參加了英文補習。但那是一種比學校更機械、更填鴨式的學習，所有解題

方法都公式化,目的只是訓練快速反應以獲得高分,並不追求理解。

坐不住的我總是坐在最後一排,與不讀書的同學胡鬧,還會折紙飛機射坐在前面的女生。補習班有男女生,不像一中全是男生,甚至中女中也有不少人在補習。這對從全男校的我來說很新鮮。

有一次放學騎車回家,前面是一位女同學,我們經常因為順路而遇見。這次我鼓起勇氣騎到她身旁,開口說:「我們可以交個朋友嗎?」沒想到她竟說:「我們現在不就是朋友了嗎?」我一開口就輸了,看來我果然還是個沒經驗的菜鳥。

還有一次補教老師做了件不公平的事,我便寫了一封文言文的匿名信大罵他。他竟然拿到班上來朗讀,還大讚文筆精采。經過這個暑假不務正業的補習後,我就再也沒去補過了。那是與我世界平行的另一個宇宙。我還是延續衛道時期的習慣,平常讀各類書籍,考試前再讀課內書準備應試。

但這方法在高中已不太奏效。平常有難題時,同學會來找我,我常能解答疑難,因為我理解基本原理;但他們擅長的是機械式反射作答,一旦題目超出熟悉範圍,他們就無從下手。有一次全校數學競試,題目特別難,我還拿

下全校第一名。

　　問題是，我的月考常常做不完，因為我需要思考後才能解題，而我的同學早已熟悉各類題型，看題就能作答。我還有另一個大問題：不知從哪裡來的叛逆心理，讓我對英文產生無名的排斥，小小年紀便不認同必須學習英語的觀念，因此英文成績一直很差。總而言之，我在班上的月考成績通常排在四十二名左右，從後面數比較快。

　　我很少認真聽課。有一次在課桌上隨手塗鴉，發現如果從任意三角形的兩個角分別作平行線，其交點會形成兩條共線，並與頂點相交。我花了一個月才證明這個觀察正確，這是一個新發現的幾何定理。老師於是推薦我參加全校科學比賽，獲得第二名。那第一名是誰呢？

　　NW，是衛道隔壁班的同學，在一中我們同班，都是二十三班。他一向是班上第一名，也擅長鋼琴。我們是好朋友，他遇到疑難問題都會來找我討論。他家就在學校附近，同學們也經常聚集在他家。

　　高一時我已讀完微積分。他嘗試用極限原理切割逼近微積分，也就是當年牛頓的做法。這原本是高三才教的課程，對高二學生來說極限的概念相當陌生，但他不懂微積分，便找我用微積分來驗證他的推論。結果 NW 拿了第一名。雖然我至今仍覺得我的新幾何發現才是實至名歸，

但沒人能抵擋 NW 人盡皆知的魅力。

　　升高三時，學校要求我們選擇大學聯考分組：甲組為理工，乙組為文科，丙組為醫農，丁組為法商。父母堅持要我讀醫學，但我對物理與數學充滿興趣，不想像父親一樣整天看病，我想當科學家。為了讓父母簽名，我只好暫時選了丙組，但一到學校便自行轉到甲組。後來父母知道了，也不再堅持，但提出條件：只能念工程，不可念數理。他們的理由，在當時物質貧乏的環境中是可以理解的。

　　NW 的情況和我一樣，但他選擇順從父母意願留在丙組。他在衛道與一中都是第一名畢業，後來順利考上台大醫學系，幾乎每學期都是第一名。我們在台大時經常聯絡，談論各種話題，也包括感情。他一直未曾放棄轉理工的想法，卻始終無法下定決心。我鼓勵他追尋夢想、走自己的路。

　　大學畢業後我們就未再見面，各自奔向不同人生軌道。聽說他後來赴哈佛攻讀醫學博士，並在加州大學聖地牙哥分校任教。大家終生忙碌，當我想再聯絡時，才得知他兩年前已過世，享年六十。唉，想再見，也為時已晚。每個人的人生就像交錯的線條，有交集也有分離。緣分到了自然會相遇，緣盡時，便只剩回憶。

　　高三時我仍保有考前準備的習慣。有一天，國文導師

心血來潮,在月考前一天突擊測驗,我只考了四十幾分。當他逐一唸分數時,唸到我,他停頓了一下,說:「我今早才和某位老師談起你,我們都覺得你潛力很大,要好好努力。」

他其實不知道,那天晚上我才要準備隔天的國文考試。雖有三篇文言文與註解要背,我早已習以為常。第二天的國文月考果然很難,難怪他會先做突擊測驗。當他再次唸分數時,唸到我又停頓了一下,然後繼續唸他人的名字。原來只有兩人超過九十分,而我以九十一分名列第二。

我一直覺得自己很幸運,常有老師對我特別關懷與鼓勵。這給了我一個信念:為人師表,其所為就是教育人才、拔擢人才。這便成為我日後為人師表的準則。

回到分組之後,只剩一年就要聯考了。以我當時的成績,什麼學校都考不上。於是我開始努力讀課本與參考書,學習適應這個考試文化。每天讀到深夜一兩點,每個週末都到學校找空教室苦讀一整天。漸漸地,我在全校模擬考中名列前茅,進入前一、二十名。以台中一中二十五班的規模,這樣的成績足以競逐頂尖志願。

接著是填寫志願。當初答應父母不選純理科,老師們都希望我們能考上台大。當時台大六個工程科系都列在志

願前六名。我前三個志願是台大電機、機械與造船（又稱海洋工程），其後是交大電子、清大電機電力與動機，基本上是照排名填寫，真的不知道他們在學什麼。

其實，我總喜歡和同學到鐵道上散步，等待火車疾馳而過，那轟隆轟隆的聲響震撼我的心頭，有種莫名的感動。我一再回到鐵道邊，只為了那撼動人心的悸動。冥冥之中，我似乎註定要成為一位馳騁於科學世界的工程師。

那年聯考的數學只有五題，每題包含數個小題，而有一項奇怪的規定：每題必須所有小題全對才能得分，只要一小題錯，整題不計分。我不知道命題委員們是怎麼想出這種奇特的算分法。我一向容易在加減運算上出錯，至今在美國餐廳加小費都常算錯，家人總要再檢查一遍。

這次不幸有兩題各有一小題計算錯誤，結果整題沒得分。甲組數學又加重計分，我擅長的科目反而失分慘重，可謂賠了夫人又折兵。再加上英文不出意料地只考了二十幾分，儘管國文幾近滿分，也無力回天。最終被分發到台大造船系，雖是第三志願，但也是聯考理工組第六志願。心想：台灣靠海，海洋工程應是未來趨勢。父母對我考上台大也感到欣慰。這是台大工學院最後一次獨占聯考前六志願的年代。

我就這麼踏上了台北羅斯福路，前往台大報到。

第五章
大學：探索走出自己的路

　　我一走進椰林大道，就愛上椰林大道，這是我人生開始的地方。

　　台大的校園大方幽雅，讓人彷彿沈浸在濃厚的學術氛圍中。一進校門，那高聳筆直的椰林大道，給人的第一印象就是：這是一條通往未來的人生之路，其大器與氣勢中蘊含著希望與遠景。台大的前身是台北帝大，是日本九所帝國大學之一，曾擁有全台灣百分之一的土地。早期日據時期所遺留下來的建築壯麗典雅，帶有濃厚的西式風格，校園每個角落都獨具風貌。台大也被稱為杜鵑花城，每年春天杜鵑盛開之際，校園五彩繽紛，美不勝收。

　　國民政府遷台後，任命原北京大學校長傅斯年擔任台大校長，他將北大的師資、自由的學術校風與傳統帶進台大。基本上，台大可說是北大在台的延續。這種自由的學風深深影響著每一位台大人，造就了來自各行各業、不同

學科領域、各種政治立場的傑出領袖。最有名的例子便是當年國民黨政府以戒嚴法審判黨外人士（也就是民進黨的前身）時，從被告、辯護律師、檢察官到法官，多為台大人，有些甚至是前後期的學長姐弟，猶如一家人扮演著不同的角色。

對一個從未到過台北、來自中部的孩子來說，台北如同一頭巨獸。第一次搭公車在南京東路下車，望著一整排高聳的大樓，讓我震撼不已，彷彿來到另一個世界。於是大部分時間，我都選擇遠離那不屬於我的地方，而深居在校園周圍。

大一新生被稱為「新鮮人」，是剛從十幾年升學壓力中解放出來的天之驕子。一開始的新生訓練期間，各式社團便積極拉攏新人。我四年間參加了許多社團，包括鱻鱻社（釣魚社，經常到海邊或山上溪流釣魚）、愛樂社、吉他社、國樂社、社交舞社，還曾學過現代舞和土風舞。現在最讓我後悔的是，當年沒有參加合唱團。

當時各系與社團常辦舞會，舞曲以 1980 年代的 Disco 快舞為主，也會放抒情歌曲讓大家跳慢舞。女生會坐一排椅子，男生則站在另一側。快舞時大家對排而舞，慢舞則是一對對共舞。男生通常會觀察自己心儀的對象，漂亮女生常常一下子就被邀走。有次參加舞會，我注意

到有個女孩一直獨坐無人邀舞，我便走過去邀請她跳舞，跳了幾回她也露出開心的笑容。我對這樣只有一方有主動權、另一方只能被動等待的環境並不特別喜歡，因此並不常參加舞會。

那個時期正是民歌最盛的年代。許多人以為民歌是1980年代初期的音樂風潮，與其說是風潮，不如說是一場文化覺醒運動。台灣光復後，除了少數鄉土民謠，大多流行音樂皆模仿日本東洋風，年輕人則多聽美國流行音樂，缺乏自己創作、唱出自身情感、用自己的語言訴說這片土地的音樂。這就是「校園民歌」的精神。我們是那群對時代說「不」、渴望擁有自己音樂的年輕一代。

人人手持一把吉他，寫作、彈唱，唱出了我們的年代，也開啟了一條新的道路。如今每當聽到民歌，那份感動仍會油然而生，眼眶也會不知覺地泛淚，讓我想起那段年輕歲月，我曾有幸也是這一代的人。民歌堪稱現代華人音樂的先驅。當時我能用吉他彈唱幾乎所有民歌，也會彈唱1970年代的美國民謠與老式情歌，並與朋友組成雙吉他組合，挑戰高難度曲目。

台大作為一所綜合性大學，涵蓋各學科領域，自然聚集了來自不同背景、風格與人生觀的人。這種多樣性讓我真切體會到「人外有人，天外有天」的境界。我也曾去

文學院、法商學院選修文學史、日文、憲法、經濟學等課程。這樣多元紮實的基礎教育深深啟發我未來的做人處世態度，也為我扎下人生哲學的根基。那是一個「立大志」的地方。

造船工程概論是必修課，然而大大令我失望。老師只是在教船舶各部位的英文名稱，考試也只考這些內容。學生逐漸不去上課，雖然老師說會點名，但出席者依然稀少。一學期下來，全班大半不及格，我也不例外。這與我心中理想的海洋工程相去甚遠，我於是決定轉系。大一期間，我少參與活動，而是專注在改善成績與準備轉系考試。回首當年，那個決定影響了我的一生。

大二轉入電機系，對我而言並不陌生，系上有五位中一中二十三班的老同學和二十多位中一中校友，很快就能適應。但我那自負與考前才用功的壞習慣依舊未改。大一時，因為課堂內容古板無趣，我經常翹課。記得一次上物理課時，老師講課內容貧乏，只顧閒聊，我趁他轉身時，便從窗戶跳下逃課，還是未失那年輕時的桀驁不馴。

大二修機率論時，我依然以「考前一晚讀書」的舊思維應對，結果大錯特錯！機率論的概念與其他數學科目截然不同，必須時間反覆咀嚼與理解，一晚根本無法掌握。我差點當掉這門課，這次教訓讓我下定決心徹底改變學習方式，

洗心革面。畢竟真才實學是苦讀而來的，且大二後課程皆為本科專業，將會是一輩子吃飯的本事。事實證明，機率論後來成為我一生中最實用的數學基礎工具之一。有人說人生是機緣的展現，不懂機率，怎能掌握機緣？

說歸說，我最喜歡的課是大家都害怕的電磁學。它融合物理與數學，是我每次考試都拿全班最高分的科目。但對於一些較無趣的課程，我仍會有所懈怠，導致成績只是差強人意。課餘時間，我積極參與社團活動、運動、廣泛閱讀書籍與藝文活動。我的大學生活相當充實。

除了電磁波與光電，我也開始修習研究所課程，漸漸對通訊與訊號處理產生濃厚興趣。李老師是當時少數旅美後即回台任教的年輕教師，他帶回新的思維，深深改變了我們對電機領域的認識。他開設的通訊課吸引上百名學生，啟發了我們對該領域的熱情，這也成為我後來終生投入的專業。

我們這屆（1983 級）約有八、九成的同學赴美留學，多數攻讀博士學位。1990 年代初期，正值台灣大舉引進新師資發展高教，我們正好博士畢業，因此據說我們班有五十多位同學任教於台灣各大學，獨佔鰲頭，成為台大電機系的傳奇。

1979 年高中聯考後，父親決定赴日行醫，母親則帶

著弟弟與兩個妹妹赴美定居。當時因戒嚴政策，醫事人員屬於管制對象，不能隨意出國。父親在台灣光復後即就讀台中一中，因此雖然在家講客家話，但他的日文比中文好，這在那一代人中並不少見。加上日本醫師待遇較佳，又可自由赴美，我們一家便分居三地。

我獨自留在台灣，彷彿成了留學生。平時還好，一到寒暑假或過年，同學們返鄉過節，我卻得獨自留在空蕩蕩的校園裡，就會覺得落寞。為了排解孤單，我報名參加救國團活動，與大夥上山下海參與各種團體行程，從而早早培養了獨立生活能力。

印象最深的是大三寒假參加南橫公路健行活動，一週行程剛好橫跨農曆新年。親眼見識台灣高山的壯闊與來自大陸的老兵們胼手胝足、寸步開疆，犧牲生命開闢出第二條橫貫台灣的公路。其中一處隧道口據說開掘時曾坍塌，造成數十位榮民殉職。那鬼斧神工般的工程震撼人心，因此沿路也流傳不少鬼故事，半夜上廁所都膽顫心驚。

另一次則是與學長們一同從北勢溪溯溪，一週後走到宜蘭，遠眺龜山島。此地山勢優美，雖有縱谷，但不像中橫那般險峻。之後也參加電影研習營，學習拍片、編導與剪輯，讓生活更加豐富多彩。

課餘時，我與許多同學一樣兼任家庭教師，補貼生

活開銷。天下父母皆願為子女教育付出，一週教幾個學生，收入還不錯。四年間，見識各種家庭，有的成為好朋友，也有應徵時被冷嘲熱諷的經歷：「你這電機是學什麼的，我不要做工的，我要的是學數學的。」當場就被請出門了。

有一年暑假，我參加成功嶺大專生軍事訓練，為期六週。母親從美國回台探望我，聽說有位紫微斗數老師算得極準，便想去試試，我便陪她前往。這位從香港來的老師須提前預約，難得見面。他拿到母親的生辰八字後，便開始詳細講解她的過去與未來，果然相當神準。

母親興致高昂，便問能否再請老師算一人。老師畫出紫微命盤後，猛然抬頭問道：「這人是誰？」母親指著我說：「是我兒子。」那時我剛結訓，平頭、黝黑，看起來像個小孩。老師一反先前直接算命，說他的紫微斗術多麼準確，多少達官顯貴、將軍都來找他，還舉例證明。算我的命時，他一邊講一邊幫我做筆記。他說我命中「文武之材，雙祿重逢」。我問是什麼意思，他說「祿」是功名，可掛在廟堂之上的扁額，那已是大貴，「雙祿」就是可掛兩塊。我再問他，那我應該學什麼，他說什麼都可以，若讀法律更好。我沒告訴他我念的是電機理工。離開時他說日後可再來找他，不會收費。

當時我內心確實有一股莫名的激動。我只是一個理平頭的大二學生，竟受到如此禮遇。老師深信他的命理，我也「將信就信」，至今仍保留那張命盤。但我並未再回去找他，那也是我一生唯一一次算命的經驗。

中南部來的同學比北部的鄉土氣息更濃，多半玩在一起。中友會、南友會、雄友會等組織便是鄉親之間的聯誼團體。這些會內設有學長組，由幾位學長姐帶領學弟妹，彷彿一家人。各種生日會、聯誼活動不斷，我所在的學長組感情融洽，四年來始終維繫著密切聯絡。

中一中二十三班有二十多位同學考上台大，我們也常常混在一起。水蛙家在學校旁買了一間公寓，成為大家閒聊、聽音樂、打麻將的聚點。有時我們會騎機車上陽明山土雞城吃三杯雞、泡溫泉。一起長大的夥伴總是最真摯的。

大學記憶是浪漫的、自在的、充滿對未來的憧憬。沒有人限制你去夢想或編織未來。畢業時，每個人都要繳交一張穿著學士服的畢業照，並寫下一段留言，作為畢業紀念冊的內容。我在畢業留言中寫下：「盡結天下賢士豪俠，常做江上煙客主人。」

第六章
服役歲月：壓迫體制中的自我淬鍊

從訓練場走進真實世界

當時正值戒嚴時期，男性須服二至三年的兵役。大學畢業後，通過考試可取得預備軍官資格，服役兩年。我的兵種為通信官，據說八二三砲戰期間，犧牲最多的就是通信兵，因為他們必須在槍林彈雨中搶修通信線路，以維持軍令的暢通。

我被分配到第二梯次報到，有一個暑假可休息。母親剛好有一筆小錢，打算買個小套房。她有一位老友住在敦化南路與仁愛路圓環邊上，正是當時公認的台北最美、最精華的地段。她隔壁棟正好有一間十七坪的小套房要出售。由於母親人在美國，我便全權處理。

賣方賴先生經營一家空調設備公司，急需一筆周轉資金。他很喜歡這間小套房，前屋主是一位來自香港的醫

師，兩人因房屋交易而成為朋友。雖然捨不得出售，但現實所迫，他不得不割愛。由於時間緊迫，他無法慢慢出售，母親給我的金額剛好是他的開價。我對他說：「你就拿去吧。」賴先生說如果是現金、無需貸款，他願意再打個折。我回道：「你急需，我正好有，你就拿去吧。」他便收下了，我們也因此成了好朋友。他有一部吉普車，還說我隨時可以借用。我真的借了好多次去坪林露營、北海夜遊，開起來很拉風。後來那位香港醫師回台，我們三人還一起吃飯。三代屋主因這房子而結緣，成了朋友。許多事物並不能用金錢衡量得失，沒有捨，又怎能有得？

報到那天，一早我就到台北車站搭乘軍方為預官準備的列車，直達台中成功嶺。我一上車便找個位置坐下。車廂空蕩，大家都還在外頭與家人哭泣道別。反正我是獨自一人，這倒也省事。

抵達成功嶺後，第一件事是剃頭，幾乎全剃成光頭。這也好，去除俗念，死了凡心。接著便從地上一堆舊軍服中挑一套穿上，沒時間挑選，拿到什麼就穿什麼。除了出操，許多時間都在學「下口令」，也就是基本動作訓練，例如立正、稍息、左右轉、齊步行走及踢正步等。偶爾也有行軍訓練，附近多是墳場，本來令人畏懼的地方後來也習以為常，甚至還常躲進較大、乾淨的墳地裡打盹，時間

一到才現身。真正上靶射擊的次數不多，大家心知肚明我們這種兵不會上戰場。

連上有位預官排長，彷彿有虐待狂傾向，專以折磨人為樂，一不高興便叫人匍匐前進，還會從人身上踏過。

週末時，總有親朋好友來探視。我因無人來訪，便多半志願出公差，或帶著書去台中市區找間咖啡店坐上一整天直到收假。有一次，台大的中友學長組老朋友 ZH 和 CL 來看我。ZH 與我從高中二十三班、大學電機系到日後的 UCLA，幾乎十多年都同窗。CL 則是高中認識的朋友，後來念政治系。有人來看我，內心很是感激。

完成基礎訓練後，我被派往中壢陸軍通信學校報到，我們這一期編成一個連，接受為期半年的通信官養成訓練。除了學習軍隊通信與保密技術，還得練習雙板爬桿：兩條長木板，各綁一條繩，交錯掛於電線桿上，先用一條繩板掛住並踩上，再俯身取下另一條重新掛上，逐次上攀。畢業時還必須在規定時間內爬上桿頂。中壢以風大著稱，冬季寒冷，每天早晚點名，只穿單薄的軍用夾克，冷得要命。因此夾克內還得偷偷穿上自己的外套，只要沒人發現就沒事。

預官學生連的大隊長會遴選實習幹部，實施學員自治。不知怎的，我被選為實習連長，負責整連一百二十多

人的管理,底下有三位排長與十二位班長。我就這麼扛起了這期通信官的實習管理責任。隊長對我也頗為賞識。訓練結束前有結訓測驗,內容多是繁瑣的通信規定與軍事準則,我沒特別準備,隨意應考,想說能過就好。沒想到畢業時竟以第二名成績結訓。

接著是抽籤分發。我們全是通信官,各兵種皆需。上上籤的「倒楣籤」就是抽到海軍陸戰隊,因為他們不承認陸軍的訓練,須重新受訓;次之是憲兵,須重新學擒拿等技能;最輕鬆的是防砲部隊,通常駐守偏遠山區,天高皇帝遠。我抽中了憲兵,與十位同學一起到憲兵司令部報到,繼續憲兵勤務訓練,訓練結束後,我被留在司令部通信連,負責最高級別的四級通信保修廠,專門維修憲兵無線通訊器材。

這個職位表面風光,實則不然。司令部位於台北林森南路底,外面是台北有名的夜生活區,餐廳、酒店、酒吧與特種行業林立。但預官不許出營,只有週六中午到週日晚可外出。隊長出身軍事通信專科班,對大學生特別是台大生頗有成見,多次在集合時當眾批評大學預官無能,還數次影射我。前輩給他起了個綽號叫「阿狗」。

有次阿狗叫我去他辦公室,興致勃勃地拿出一張錯綜複雜的電路設計圖,說是上級交辦的設計,他費盡心思才

完成,要我研究研究,意在炫耀。但這哪是什麼設計?線路錯亂不堪。我用簡單邏輯化簡成幾條清晰的線路。他一開始不信,後來幾經分析才承認「也行」。但他最終仍以原設計送上,恐怕是要向上級誇耀解決複雜問題的能力。此後我的日子便更加難熬。

偏偏我組裡的同事也是專科班出身,能力更差,卻總以中尉官銜壓我這個少尉。通信保修廠設於地下室,兵們幾乎都抽菸,當時並無二手煙觀念,軍隊還配發軍菸,一條條地送。廠內無窗不通風,煙霧瀰漫,整日浸泡在這種空氣中。從早八點至下午五點,除了午餐,其餘時間都在這樣的空間裡工作。我曾向副司令反映是否可裝個窗戶,得到的回覆是「這是新樓,不能鑿牆打窗」。自此我的咽喉便常常過敏,成為長年毛病。

這座四級通保廠是憲兵體系中最高的通保建制,所有器材最終都會送來維修。其他單位都得買我們的帳。若有小兵被其他憲兵單位記違紀,只要我打通一通電話,紀錄就能消除。若有單位不識相、不肯賣面子,他們送來的設備可能就會「待料」,不好辦了。我們還會定期到各憲兵隊做通訊設備檢查,若我們給不及格,那個單位便會雞飛狗跳。所以每當我們到訪,連長總會親自出來說句「小老弟幫幫忙」之類的話。

第六章　服役歲月：壓迫體制中的自我淬鍊

　　某次被派去綠島執行特殊任務，到了才發現一清專案抓來的幫派分子全都關在那裡。我十分訝異，因為政府一再否認這些人被關在綠島。外界傳聞，這些人尚未經司法審判，不該被送至惡名昭彰的綠島監獄。據說這裡原是關押政治犯之地，坊間盛傳「去綠島唱小夜曲」便是被抓去那兒當政治犯關。

　　一到，連長便出來迎接說：「小老弟謝謝你遠道而來，我們剛調來這裡，通訊狀況不好，盼你幫忙解決。」他帶我參觀綠島監獄，眼見操場上一排排人如同我們新訓時的操練，只是十人一組以鐵鏈扣住腳踝，身上刺青密布，移動間鐵鏈碰撞地面，發出正是連長所稱的「風鈴聲」。

　　他還帶我參觀地下牢房，指著某人說「這匪諜已被關了二十多年」，只見角落蜷伏著一具不動的身影。幾處牢房內皆為政治犯。午餐時，連長請我在監獄伙房用餐，說這些「一清專案」的受刑人以前都是角頭老大，手藝精湛，飯菜可口，遠勝軍中伙食。他們的勞動成果亦可對外販售，因此伙食條件遠勝連內。果然，那餐飯特別好吃。

　　回到台北，下軍用飛機時，新聞播報憲兵副司令重申：「綠島監獄未關半個一清專案人員。」從此，我不再相信政府所講的話。

在最苦的日子裡準備留學

當時的參謀總長戰功彪炳、胸懷雄心,軍中高層多為其心腹,唯獨憲兵體系仍相對獨立。適逢憲兵素受尊敬的老司令退役,總長遂指派其心腹自陸軍某軍團空降接任憲兵司令。這是極為罕見的安排,因憲兵一向是獨立兵種,負責維護國家元首安全,而非作戰任務。

這司令上任後,在大會上毫不掩飾地說:「我是來整頓憲兵的。」凡他看不順眼者,一律調職或逼退。他除了要求訓練擒拿、跆拳之外,還加上陸軍的刺槍術及五千公尺跑步。說實話,若真到憲兵須以刺槍術保衛元首的地步,那恐怕國也亡了。

當時的生活簡直不是人過的。每天早上五點半起床,先跑陸軍五千公尺。身為值星官,我常要帶頭領跑。接著操練憲兵擒拿、跆拳,加上刺槍術。好在我高中時學過跆拳道,還能帶小兵們打拳。早餐後,從八點開始通信器材維修工作,下午五點下班,晚飯後六點半集合,再操練刺槍術、擒拿、跆拳至晚點名九點。小兵們就寢後,我還得洗澡、準備托福和 GRE 考試,常常讀到凌晨一、兩點,然後五點半再起床。我不是不能跑,但每日操練熬夜,久了就實在跑不動了。

一日三餐中,只有中餐最好,因為司令與各級將官主管都一起用餐。早晚餐就差多了。伙食區擺滿碗公,一碗一種菜,分量極少,通常只是些清淡的蔬菜。旁邊偶爾會有一大鍋炒辣椒,算是加菜。我寧願吃炒辣椒,至少夠味,也因此養成了吃辣的習慣。每晚常是餓著肚子睡覺,那些將官可能還以為我們三餐都像中餐那般豐盛!

惡夢還沒結束。總長編寫了一本《教戰總則》小冊子,記載各種軍事教條,被戲稱為「○語錄」。本意是作為精神教育的教材,司令卻將其奉為人生準則,強迫憲兵全軍背誦,應答如流。他認為其他書籍皆可能腐蝕忠誠思想,命令我們抽屜裡只能擺放「○語錄」與兩支筆,且必須依指定方式排列,他會不定期檢查,不合格者書籍會被丟掉並記過。

他甚至要求廁所地板得乾淨到能用白手套擦拭而不沾塵。只要傳出他將巡視的消息,我這排長就得帶著士官兵動員大掃除,用強酸清洗地板,然後全面封鎖廁所,不許使用。小兵問:「那我們怎麼上廁所?」答案是:「那是你們的事,自己想辦法。」

在這種高壓環境下,我必須偷偷藏好托福、GRE 和其他書籍。隊長也心知肚明,但擔心連累自己而格外謹慎。我的留美考試就是在這種情況下準備的,哪有時間像

我大多數同學那樣白天補習、晚上教課。托福勉強考過600分門檻，GRE 就更慘了，根本沒時間背單字。

考 GRE 當天，生字不認得幾個，我乾脆一個單元全選 C，然後趴下睡覺。下個單元換全選 D，再打個盹，準備迎戰數學與邏輯單元。監考老師嚇壞了，以為我帶病應試。殊不知我是認不得幾個 GRE 大字、又長期睡眠不足罷了！

告別軍營，踏上新的旅程

那段日子真苦悶，常覺得身心俱疲。從寢室窗口望向遠方，便是北投陽明山的山巒，有座金黃色的宮廟獨立於林間，周遭翠綠環繞。每當遠遠望見它，我心中便湧起希望，默默告訴自己：我很快就會離開這裡。當情緒低落時，只要靜靜看著那座宮廟，心情就會平靜一些。

快退伍時，我決定去找那座陪伴我多時的宮廟回謝它。雖不知它確切位置，我仍搭上通往北投的公車，憑直覺在某站下車，看見一條小路便沿著走上山。果然，半山腰上就是那座宮廟，原來是吳姓宗親會的宗廟。我感謝它在那些日子裡默默陪伴，讓我仍懷有希望，了卻一樁心願。

冥冥之中，真有感應。我心想向它致意，卻不知其地，竟也未走錯一步，順利找到。如今每次回台北，遠遠望見它仍靜靜佇立在山巔，我仍會打個招呼：「我回來了。」

那場差強人意的留學考試後，便進入申請學校的階段。那段時間哪裡有空聯繫國外教授與學校？正巧 ZH 不必服兵役，早一年申請過四所學校，我便照他的資料依樣畫葫蘆，也申請了相同的四所，最終選擇了密西根大學。

就這樣，我踏上前往美國求學的旅程，展開人生的另一個章節。

第七章
負笈美國：在文化衝擊中成長

初識校園生活的文化震撼

1985 年 8 月，我第一次搭飛機飛越太平洋，驚訝地發現空中旅程竟然比火車還平穩。抵達洛杉磯母親的住處，更讓我驚嘆，美國一棟普通住宅竟如同別墅般。筆直寬廣的大道與交錯如網的高速公路令人嘆為觀止。無論深夜或清晨，車輛在高速公路上川流不息，來來往往。美國的富裕確實來自無數人辛勤工作的積累。

安娜堡則是另一番風貌，它是一座典型的中西部大學城。密西根大學擁有廣闊的校園，校車穿梭於兩個主要校區之間。校園與小鎮民宅交錯分布，沒有圍牆劃分界線，景致如公園般優美，與亞洲大學常見的「閒人免進」高牆截然不同。這裡的冬天對我這個來自亞熱帶、從未見過雪的人而言，是個截然不同的世界。地面常被積雪覆蓋數

月，搖下車窗時還以為壞了，原來那是一層冰，得用力敲破才能打開。開車若急煞，甚至會打滑旋轉，十分危險。愈是萬里無雲的晴朗天氣，氣溫愈低。美國人常在室內開著暖氣穿短袖，只需加件大外套便出門了。年輕學生穿著西式長外套，顯得格外有氣質。

　　因為天寒，建築的大門通常有兩扇隔門，且沉重，不會同時打開，用以防止冷風灌入。來美後第一個深刻印象，是人們都會扶著門，等候後面的人接手。這個小動作讓我印象深刻。在來美之前，我們總說中華文化是禮儀之邦，然而從未有人為我扶過門；反倒在美國，這樣的禮貌隨處可見，成了基本教養的一部分。有次開車時，道路兩旁忽然堵住，我納悶這條鄉間道路沒有紅綠燈，為何停了？原來是一家鵝群橫越馬路，鵝媽媽領頭、鵝爸爸墊後，帶著一群鵝寶寶。所有車輛靜靜等候，沒有人按喇叭催促。記得還在台北讀書的時候，只要一下起雷雨，紅綠燈一故障，常堵得水洩不通，誰也不讓誰。我開始懷疑從小被教育的神話：「中華文化最講禮貌、西方人粗魯無禮。」

　　美國的課程十分紮實，研究所三門課便是滿載，每週都有作業，重視基礎訓練與深入鑽研。這對我們來說是一大文化衝擊。在台大時，大三、大四便可修研究所課程，

一學期修七、八門課也不算多，課程內容多為前沿新題，但往往不深入。在這裡，沒有花俏的課名，一門課就是一門基礎學問，教得深且實。同班好友分散各校，都感受到同樣的文化震撼，經歷一段適應期後才逐漸上手。這種教育模式正是美國在學術研究上能執世界之牛角，領先全球的主因之一。

那時，電子郵件剛開始提供給研究生使用，帳號多為學號，尚未普及個人名字的郵箱。電腦多為佔據整層樓的大型主機系統。我是我們這屆第一屆的同學會會長。大多數同學都到美國留學，彼此失聯。我找幾位也來密大的同學，一起製作卡片寄回台灣的各人住家，請家人轉交，並附上請求留下電子郵件、通訊地址與感言的說明。結果大多數同學都回覆了，得以建立起首個以電子郵件為聯繫的同學會群組。這在1985年底可謂首創，我們1983級成了台大電機第一個用電子郵件方式聯繫的班級，後來也為各屆串聯起現在的電機系友通訊網。

我第一門課修的是光電入門，拿到全班最高分，授課的是赫赫有名的Leith教授。他是第一位實驗證明3D holography（全像攝影、全像投影）可行的人，與諾貝爾獎擦身而過，因為得獎的是第一個提出此理論的人。他的境遇讓我想到吳健雄——實證出從未做出的理論，但是

卻沒有得到應有的肯定。Leith 教授邀我加入他的研究團隊，當時他正研究將戰鬥機儀表投影至飛行員的目視窗，飛行員可以同時觀看敵情和儀表。但這屬於國防機密，我很猶豫，因為身為外國人，難以深度參與。幸好不久找到一位研究訊號處理的導師，提供資助。那時沒有網路，常在寒夜裡冒雪去實驗室做研究。感恩節時，導師邀學生到家中吃火雞大餐，這是我第一次受邀進入美國人家中，師母做的菜美味至極，顛覆了我對美國飲食僅止於漢堡、薯條的刻板印象。

我們偶爾也會去中餐館慰藉鄉愁。但在 1985 年的美國，中餐館的標準擺設是刀叉，而不是筷子。如今筷子成為多元文化的象徵，甚至成了時尚風潮，感謝好萊塢明星在電影中以會用筷子為炫耀，如今幾乎人人都會。

初來密大時，為了省錢，我與室友輪流做飯。期末考臨近，忙到沒時間吃飯。聽說本科生宿舍的餐廳只要付一人份就能無限續盤。我們整日備課、寫報告，到傍晚便直奔宿舍大吃一頓。那是牛排、豬排、烤雞等美式大餐，一盤都讓美國人吃得飽。因為整天沒吃，我們通常一人吃上三、四盤，疊疊在桌上，然後撐著肚子累在那兒休息，再去實驗室。老美經過都對我們刮目相看，彷彿在看幾個餓鬼連日光顧。後來實在不好意思，便不再去幹這窮酸事。

1985 年 12 月，我與內人在南加州的教堂結婚，許多南北加州的大學同學前來祝賀，也順便聚會。婚後我們搬入密大的研究生家庭宿舍。對門住著一位波多黎各人 Michael，主修戲劇。他是我人生中首次接觸到的同性戀者，為人熱情善良，經常飄出從未聞過的香味。我問他做的是什麼菜，他說是煮黑豆，香味來自月桂葉（Bay leaf），一片就要數美元。他讓我品嚐，確實香氣撲鼻。我們則請他吃茶葉蛋，他也讚不絕口。東西文化用的都是「葉子」，卻有如此不同的風味。如今我仍用月桂葉做菜，卻再也沒煮出當年的香味，不禁懷疑那會不會是另一種特別的葉子，因為我從來沒看見過一葉好幾元的月桂葉。

　　當時中國大陸大量派遣留學生來美，大多是 J1 簽證，必須學成歸國。我有不少這樣的同學，年紀都比我大。PG 在文革時因父母為留美歸國教授，被打入廣西鄉村做木工十餘年，復學後來密大深造。他已有兩個孩子，全家坐公車採買，大袋小袋地拎著走路回家，我便主動用我那二手車教他開車，成了好友。有趣的是，他的孩子一聽我們來自台灣便充滿同情，說在大陸學校老師教他們，台灣小孩只能吃香蕉皮，還曾發起捐款救助我們。我們在台灣也學到類似的說法，說大陸小孩只能吃香蕉皮，政府也常發起募款拯救他們。真有意思，那香蕉肉究竟被誰吃了

呢?有一次與 PG 家在湖邊野餐,看到有人翻船落水,兩人還一起划船去救人。ZJ 就幸運多了,只當了一年工人便趕上高考復辦,考上上海交大。我後來在加州還介紹了同樣來自上海的朋友給他,兩人後來成了夫妻!

有個暑假,我修了線性規劃課(Linear Programming),老友 ML 說班上有個大陸來的同學每門都拿最高分,問我有沒有辦法打敗他。這門課由數學系教授授課,講解得深入淺出,使用的是系上教授自編的著名教科書。我從小數學多靠自學,這是第一次遇到能讓我著迷的老師。有一次,我提出一個看似基礎的概念問題,因為課本中一個常見的名詞在不同章節竟有不同定義,讓我產生疑惑。沒想到幾乎全班同學都哄堂大笑。但老師立刻制止,語重心長地說:「這是一個極好的問題。只有很少的人能夠深入看到,並且能問這麼又基礎又精闢的問題。」我深受鼓舞,也為我未來求學注入無比的信心。期中考非常困難,滿分 160 分,我考了 128 分,第二高是 90 多分,就是那位「每門都拿最高分」的同學。老師說,他自己來考也只能得 80 多分。我就這樣勝過了那位傳說中的高手。

歷史沉思與前行抉擇

有一天，我在安娜堡的圖書館看到一本美國人撰寫的書，內容描述十九世紀大批華工被以低薪引渡，甚至被販賣至美國，參與從太平洋岸穿越高聳山脈至美國中西部的鐵路建設。他們胼手胝足，以徒手和勞力打造出美國十九世紀及二十世紀初的經濟骨幹，在極度艱辛、惡劣，甚至伴隨大量死亡的條件下，創造了奇蹟。

然而，當西太平洋鐵道與東岸鐵道交會時，那張登上中學歷史課本的紀念照片上，只見領導者與東線白人勞工的身影，卻沒有一位華人的面孔！鐵道建成後，華工並未獲得妥善安置。當時正值淘金熱，不少華工轉而從事淘金，或聚居於舊金山一隅，形成今日的唐人街。這也就是為何「San Francisco」的中文譯名是「舊金山」的緣由。

當時發生了多起排華事件，不少華人在白人暴動中枉死。有一次，舊金山發生疫情，整個唐人街區域被封鎖許久，不准進出。由於中國國力薄弱，加上語言、文化、習俗與衣著迥異，華工在當時美國社會被視為卑賤的象徵。曾有國會議員在國會中公開表示：「即便華人有靈魂，也不值得去救。」因此有了排華法案，華人成為唯一被禁止歸化為美國公民的移民族群。這項法案直到第二次世界大

戰結束後,因中美成為盟邦,才得以解除。

華人在美國的歷史比任何其他族裔都更為艱辛。今日華人在美所取得的地位,絕非一蹴可幾,而是靠前人胼手胝足、一步一腳印開拓而來。人要飲水思源。

從安娜堡到洛杉磯——穿越美國的三日之旅

我在十個月內便完成了碩士畢業的所有資格,導師也為我申請到一筆為期兩年的校長獎學金,可以從事任何我想進行的研究。然而,導師年事已高,且非專精於研究的學者,讓我始終徬徨,不知下一步該如何是好。

直到有一天,我在一位老師的研究室裡看到一本書,書名是《VLSI信號處理》,封面畫著一座吊橋,象徵著VLSI與信號處理之間的連結。當時,VLSI（超大型積體電路）正值蓬勃發展階段,而這兩個領域的整合也正是科研發展的瓶頸,急需突破。我已在信號處理方面投入一段時間,這正是我渴望追求的方向。

於是,在 1987 年,我開始聯繫從事該前沿領域研究的教授,同時尋找研究機構的工作機會。不久之後,Holmdel 的貝爾實驗室便提供我一份待遇不錯的職位。就在這時,我後來的指導教授 Yao 老師來電,說他正從事 VLSI 信號

處理的研究，並看到我的入學申請，希望我加入他的團隊。他還提到，UCLA 當年在本系僅頒發一個「University Scholarship」，而我正是唯一的獲獎者，這是當年眾多申請人中至高的榮譽。

經過一番考量，我決定放棄進入工業界的機會，前往 UCLA 深造。當時我家人也都住在洛杉磯附近，小兒剛出生，也有人照料，於是內人便先帶著孩子飛往洛杉磯。

我將那兩門的二手老爺車裝滿我們僅有不多的家當，便獨自從安娜堡駕車出發，橫越美國本土，全程三千六百多公里，計畫用三天時間完成這段旅程。

第一天，天還未亮，我在清晨五點左右出發，沿著 94 號高速公路橫穿密西根州和印地安那州的一小段路程。兩旁盡是密密森林。過了芝加哥後便是伊利諾州的大平原，兩側是一望無際的玉米農田。我隨著前方車流高速行駛，大家都跑得飛快。

忽然，後方追來一輛警車，將我攔下。那是一位很不和善的黑人警察。他問我為何超速，我如實回答，只是跟著前方車群，並未特意超速。他看到我的車牌說：「密西根來的？你要去哪裡？」我說：「去加州，要繼續唸書。」他竟說我得當場付現罰款。這讓我十分訝異，警察怎麼會收現金？我身上只帶了幾塊錢當作過路費，哪來現

金交給他?我指著車內簡單行李說:「我是窮學生,這些就是我全部的家當,我沒有現金支付。」

他見狀,只好說:「那你給我駕照抵押吧,不然你們外州人根本不會回來繳罰單。」但我還得繼續開車去加州,怎麼能沒有駕照?他又說:「那給我你的信用卡!」我回答:「我還沒有信用卡啊。」

最後,他只好無奈地拿走我的密大學生證當抵押。我心想,這學生證送你也沒關係。他才放我離開。一路上心情極差,我又不是領頭開快車,只是車流殿後的細漢,還被敲竹槓索要現金,真是倒楣。

我繼續往西行駛,進入愛荷華州,一個丘陵起伏、農業繁榮的美麗州份。再過去是內布拉斯加州,屬於高原地形,遠眺天邊皆是遼闊草原,放眼盡是牛、羊與馬匹。這裡的高速公路筆直延伸,沒有任何彎道。

當時已近傍晚,夕陽正對著前方,我被耀得看不清路況,無法閃避。靈機一動,我找了一輛大貨櫃卡車,跟在它後方遮擋陽光。反正卡車多半定速駕駛,我便也照做,稍微放鬆一下。然而,不久之後因精神不濟開始打瞌睡,只能大聲喊叫或唱歌提神,若仍無效,只好找地方休息。

晚上約九點半,我抵達原定的一個小鎮,已過內布拉斯加州大半。如果不是早上的警察耽擱,原本應能更

早到達。這小鎮是專為過路旅客設置的休息站，四處皆是汽車旅館，但幾乎家家客滿，最後才找到一家有空房，倒頭便睡。

第二天一早天剛亮，我吃了剩下的乾糧，再度出發，繼續西行。不久便進入懷俄明州，這裡盡是巨大無比的山脈。俗話說「山不轉路轉」，意思是過不了大山，沒關係，轉了上去又轉了下來不就過了嗎？可是老美是不吃這一套的，那高速公路就這麼直直地往上開去，二、三十度的坡度也毫不轉彎，再直直下坡。

我的二手老爺車一開始還能呼嘯而上，但漸漸愈爬愈慢，踩油門也沒反應，像老牛喘氣掙扎。回頭一看，後方跟著一串車子，只好趕快靠右線，讓他們超車。我則改跟著大卡車慢慢爬升。下坡時，老爺車又生龍活虎，開始一台一台地超車。就這樣起起伏伏來到了猶他州。

猶他州仍屬山區，但已不是那種巨大山體，而是層層疊疊的崇山峻嶺，因此這段路終於有彎道，是「山不轉路轉」型的設計。沒多久，太陽還未下山，我便抵達有名的鹽湖城，決定在此過夜。

我先去參觀著名的摩門教堂，那幾座高聳筆直、鍍金的尖塔是摩門教堂的經典象徵，據說全球的摩門教堂都採用類似的建築設計。

第三天一早，乾糧已吃光，我找到一家麥當勞，點了英式鬆餅加蛋、香腸與乳酪的早餐三明治。這是我來美後第一次出門吃早餐，味道太棒了，從此成為我最喜歡的美式早餐。

　　離開鹽湖城後，路線開始往西南切入南加州。來到亞利桑那州交界處，是著名的大峽谷地區，高速公路依著峭壁蜿蜒而行，氣勢磅礴、彷彿鬼斧神工。我一邊開車一邊忍不住多看幾眼，但彎道太多，只能一面小心駕駛、一面匆匆觀賞。

　　穿過大峽谷便是內華達州，展開一望無際的沙漠地形。唯一的亮點就是舉世聞名的拉斯維加斯。在這裡花點小錢就能享受一頓豐盛的自助餐。吃飽後再次啟程，幾個小時後，翻過一座山，遠遠地就看到那蔚藍平靜的太平洋。

　　我終於抵達了洛杉磯。

第八章
加大:零元帳戶的研究生歲月

幾乎是空的銀行帳戶

UCLA 座落於一座山丘之上,南邊是年輕人喜愛聚集的 Westwood,東鄰群星雲集的豪宅區 Beverly Hills,北接更加華貴的 Bel Air,前美國總統雷根的故居也在此地;西邊則是高級臨海住宅區 Santa Monica。這一帶幾乎沒有師生能負擔得起的住處,因此大家多半只能住得遠些,每日通勤。

1987 年 7 月,我開著那輛二手老爺車來到洛杉磯。當時我接受 University Fellowship,學校通知我有最高優先順序取得有家眷的學生宿舍,當時小兒剛出生。然而,他們卻告知目前並無空房,即使有優先順序,沒有房間也是枉然。無奈之下,我只好在一處治安不特別理想的地區,租下一間一房一廳的公寓,每月房租為五百六十五元。我的

第八章 加大：零元帳戶的研究生歲月

fellowship 每月補助一千元，還需繳交學費、保險費與生活開銷，根本入不敷出。當初失算，以為 fellowship 和在密西根大學時一樣涵蓋學費與保險，結果卻非如此。加上洛杉磯本就消費高昂，只能省吃儉用。每月初手上還有一千元，但若不慎控管，到月底便會面臨破產。

銀行也不近人情，認為從我這類客戶身上賺不了錢，只是白白提供服務，因此規定每月帳戶餘額不得低於一個我根本無法達到的數字，否則就必須繳交服務費。我只得向在同系就讀的老同學 ZH 借了一筆錢，好讓每月月底帳戶餘額勉強達標。

當時加州大學對研究生的待遇確實存在不少問題。1988 年，全加州大學系統從北到南的教學助理展開全面罷工，以抗議不合理的低薪制度。

為了幫孩子添購嬰兒床，我們前往當時全美最大的連鎖百貨 Sears。那時候大部分人仍以支票付款，而像我們這樣的窮學生也無法獲得銀行核發的信用卡。我們拿出支票簿準備付款時，店經理竟要求我們出示銀行帳戶資料，這實在是聞所未聞的無禮之舉。那位白人老太太經理，或許看不起我們亞裔竟然有能力購買 119 美元的嬰兒床。我們據理力爭卻無效，只得拒絕購買。

的確，以我們的經濟狀況，連去超市都只選擇特價再

特價的蔬菜肉品水果，大多數時候也光顧附近的「一元店」。雖然裡面的商品幾乎都只要一元，卻常有意外驚喜。宿舍對面就是一間肯德基炸雞店，每天炸雞香氣撲鼻，令人垂涎三尺。有一天實在忍不住，鼓起勇氣買來打牙祭，結果店員竟只給了一根像鳥腿般大小的炸雞。我不服氣地問她：「請問這是鳥腿還是雞腿？」她才不情願地換給我一根像樣的雞腿，實在是欺負窮人。

有一晚，小兒突發高燒，隔天一早正要送他去醫院時，才發現那輛從密大開來的二手車玻璃被打破，車內音響與嬰兒座椅成了竊賊的目標，雖未被成功拆走，車內卻滿目瘡痍。只得請 ZH 幫忙，送我們前往加大醫院急診。

除了治安問題外，1980 年代的洛杉磯還有極為嚴重的空氣污染。嚴重到什麼程度呢？開車行經 10 號高速公路，從旁穿越市中心高樓林立之處，一堆大樓近在眼前，卻看不見任何一棟。我的喉嚨因服兵役時吸入過多二手菸早已受損，對這種空汙極其敏感，實在難受。這也是為什麼今日加州的汽油品質管制與汽車排氣標準成為全球最嚴格的地區，這是唯一能解決空汙問題的方式。

一年後，學校終於通知有一間學生眷屬公寓空出，我們立刻前往看屋。該公寓位於 405 號高速公路旁，前屋主建議我們：「就把車聲當成海浪聲，你會比較好過日

子。」雖然只有這一間選擇，我們也只能搬入。從窗戶望出去，正是車流不息的 405 號高速公路，我們也就這樣日復一日聽著「海浪聲」直到離開加州。這一帶正好是 405 號與 10 號高速公路的交叉處，也是全世界車流量最大的地區，當然也有著最響亮的「海浪聲」。

學術人生，就像衝浪等浪頭

當初從密大至加大，是為了能無縫延續我已略有進展的獨立研究。我決定花費三千多美元，購入當時最新款的 Apple Macintosh 個人電腦。1987 年，這幾乎是我全部的身家，但這個決定是正確的。加大在十月開學，而我尚未正式註冊為博士生時，便已與 Yao 老師共同投稿論文。

由於上述種種現實因素，我幾乎每天都工作到深夜一兩點，把握一切時間從事研究，希望能早日畢業。當時電子郵件才剛開始普及，尚未有今日的網際網路，必須親自前往辦公室工作。投稿論文需要影印多份厚厚的紙本，寄送給期刊主編，再由主編分送全球各地的副主編，轉交審稿人審查，然後以郵寄通知審稿結果。接著作者根據意見修改，再重複投稿程序，通常要經歷三輪以上才能被接受。一篇論文從投稿到錄用，往往耗時一年以上。

投稿會議論文也別具一格。論文一旦被接受，會收到一塊大型硬質紙板，作者需將論文內容放大張貼其上，寄回會議主辦單位，由他們拍照印製成會議論文集。這些論文集通常分成好幾冊，每冊厚達數百頁。那時候出門參加會議，總會帶回一大袋沉甸甸的論文集，飛機上滿是提著這些資料的人，成為一幅奇特景象。這些對現代人而言幾乎難以想像，如今所有東西皆在「雲端」上，一個按鍵、一個指令即可完成，一切瞬息之間。

　　所以，在那個時代發表一篇論文是極為繁複的大工程，實屬不易。

　　放學回家後，我經常帶著小兒騎著他的玩具三輪車，一路唏哩呼嚕地騎到公園。途中會經過一個小型社區，房子雖不大，但住戶們都用心維護屋宅與庭院，營造出一個個溫馨的家庭。那時我心中就許下願望，希望有朝一日，也能擁有一個這樣的家──一個典型的美國夢。

　　我喜歡南加州的海灘，那一望無際的太平洋，總是那麼浩瀚與寧靜。經常可見用木頭架高的海堤從沙灘延伸入海，上頭人來人往，有釣客，也有餐廳。我喜歡站在海堤上看日落，紅霞映照下的大海更顯得遼闊無邊。岸邊總有衝浪客群聚浪頭，等待他們的時機。當浪頭來臨，有人成功站起，乘勢向前滑行至沙灘；但也有許多人掌握不到節

奏,技術稍弱,只見他們試圖起身,卻又被浪打落原地,錯失良機。

這一幕讓我深深體會到,做學問也如同衝浪。一波波的新思潮接踵而至,我們注視著、等待著適合自己的一波,時機一到便奮力乘上,滑向彼岸。然後再划回海中,等待下一個浪頭。學術人生不正是如此嗎?優秀的衝浪者訓練有素,能駕馭最澎湃的浪頭,衝得又高又遠;技術不足者,則常常錯失良機,只能一上一下、望浪興嘆。因此,我們的訓練程度決定了我們能駕馭多大的浪頭;我們的經驗,能否準確判斷什麼浪才是我們應該追的?我們的判斷,是否抓得準那稍縱即逝的時機?太早或太晚,結果都可能是一上一下、停滯不前。

南加州聚集來自世界各地的移民,也常鬧出笑話。有位來自台灣的女留學生住在我們的宿舍,她的先生剛從台灣抵達。她特別提醒他,這裡治安不佳,光天化日下也可能發生搶案,要格外小心。

某天傍晚,他獨自外出散步,迎面跑來一位非裔男子,不小心撞倒了他。他驚慌中發現手錶不見了,立刻起身追趕,並用他那不太標準的英文大喊:「Give me watch!」原本他想說「還我手錶」,但卻變成了「給我手錶」。結果那位跑者愈跑愈快,他一路追趕,不停喊著

「Give me watch！」直到路口，那人突然停下，把手錶遞給他，然後飛快地穿越馬路逃走。他定下神，忽然一驚，那錶根本不是他的。回到家後，才發現自己根本沒戴錶出門。於是，他每天帶著那只「搶來的」手錶等在街口，希望能歸還。

可以想見，那位被「搶」錶的跑者一定也向家人或朋友警告，千萬別再去那區，光天化日下會有亞裔男子追著人搶手錶，簡直無法無天。這不正是文化差異所產生的無心誤會嗎？唯有彼此包容與諒解，方能跨越這無形的文化隔閡。

還有一個文化誤解的趣事。美國富裕且愛護動物，早在 1980 年代，超市貨架上便有整排的貓牌狗牌罐頭，專供寵物食用。對來自台灣的人而言，實在難以想像。狗貓能吃家中剩菜剩飯已是奢侈，連人都少有罐頭吃，怎麼輪得到寵物？

結果有一群台灣遊客來美，發現這些罐頭不但便宜，包裝又看起來可口實惠，如獲至寶般大肆採購，還帶回台灣當伴手禮送人嚐鮮——就像發現新大陸一般。

第八章　加大：零元帳戶的研究生歲月

從教學助理走向正式教職

加大的博士資格考試分兩關。第一關是開放式筆試，內容涵蓋十二門課程，每門出一題，應考者從中選答六題。這是一整天的考試，可攜帶任何書籍應考。有趣的是，竟有一位來自台灣的老兄，用超市的推車推來滿滿一車書，可能是他所有的藏書。無家可歸者通常也是這樣裝載家當的，希望他沒被誤認為是流浪的窮書生。

第二關是口試，須邀請兩位主修領域的教授及一位副修教授，進行兩小時的面試。Yao 老師高興地告訴我，我的博士資格考試成績為全系第一。半年後我提出博士論文計畫，正式成為博士候選人。由於大部分內容早已完成，並已發表於國際期刊或會議，論文委員會決議通過，且無須進行最終的口頭答辯，只要指導教授同意並獲得所有委員簽名即可。這是論文委員會所能給予的最高評價，肯定了論文的品質。

在 UCLA 最令我難忘的兩門課，是在最後一個學期、所有正事已做完後所選的課，且與我的專業毫無關聯。一門是語言表達與傳播，課中我們學習如何表達與演講，了解到眼神接觸、肢體動作、語氣及抑揚頓挫的掌握極其重要。老師也讓我們錄音觀察自己的表達方式，進而修正缺

點。這門課對我日後以說書為生，有極其深厚的影響。

另一門是帆船入門。UCLA 在洛杉磯的一個小港擁有碼頭，學生可在那學習駕馭帆船。那種沒有馬達聲，單靠風力乘風破浪、船身傾斜四十五度逆風疾駛的快感，實難以言喻。期末考試須將一艘翻覆的帆船重新翻正，方能通過。我對那帆影點點的海面，悠然滑過的帆船總是充滿嚮往，真是「過盡千帆皆不是，斜暉脈脈水悠悠……」。

在 UCLA 期間，我也擔任教學助理（TA），以增加收入。這段經歷改變了我對未來職涯的看法。幾乎每個學期，我的教學評鑑都極佳，常見諸如「他是我遇過最好的 TA」的評語。畢業時，Yao 老師也鼓勵我申請大學教職，從事學術研究。他說：「你是我最好的學生。」於是我便一心尋找教職機會。

這裡還有一段插曲。有一次，我發現每當我從黑板轉身面對學生時，他們總會迅速收起奇怪的笑容。我終於忍不住問：「你們在笑什麼？」終於有位學生說：「TA，你在講 shift 的時候，最後那個 f 的音要發出來，不然會聽成 shit，也就是……屎！」原來我正在教「shift invariant」這個系統概念，卻因中式英文的發音習慣常省略尾音，便成了「屎」了！這是我們亞洲人講英語的通病，因為我們的語言較少字尾子音。

第八章　加大：零元帳戶的研究生歲月

　　此時正值美國經濟大蕭條，各行各業紛紛裁員，各州與各校也深陷財政困境。更雪上加霜的是，布希總統於1990年宣布所有中國大陸來的留學生可留在美國，瞬間博士就業市場增加了成千上萬名競爭者。記得找教職時，許多學校告知有超過一千兩百位申請者。後來我到馬里蘭大學應徵面試，也聽到同樣的數字，更糟的是，他們僅有一兩個名額。幸好三生有幸、祖上積德，竟讓我成功錄取！

　　從西岸飛往東岸應徵是一件苦差事。因時差三小時，加上飛行時間五、六小時，第一天一早搭機，抵達東岸已過八九個小時，進入夜晚。匆匆吃晚飯後上床睡覺，準備第二天一早六點半與對方共進早餐。但此時雖是當地時間十點，我的生理時鐘仍停留在西岸的七點，難以入睡。越擔心第二天無精神，越強迫自己入睡，結果反而更睡不著，直到半夜才得以入眠。

　　第二天清晨五點半起床梳洗、整理行李準備退房，卻怎麼也吃不下早餐，因為身體還以為是半夜三點半。九點開始做研究報告，一夜只睡了四個多小時，頭腦昏沉，只能盡力應對。接下來每半小時與一組教授面談，一直到傍晚，再前往機場搭晚間七、八點的航班返西岸，抵達時已是半夜。這一趟幾乎是48小時不眠的面試行程，真是非人所能承受。

前往馬大面試，是我第一次來馬里蘭州。從巴爾的摩機場下機後，牆上掛著笑容滿面的螃蟹畫像，寫著：「馬里蘭歡迎您。」驅車前往校園，兩旁是綠意盎然如公園般的林地，與加州滿是醜陋建物的景象截然不同。校園建築多為美國早期的新古典風格，古色古香，與加大現代模組化的建築風格相比，如同來自兩個不同時空的世界。經歷兩年多加州擁擠與空汙的洗禮，我立刻愛上了如公園般美麗的馬州。

　　獲得馬大的教職後，我於1990年4月提交博士論文並順利通過審查，從1987年10月入學至今，整整歷經兩年半。在我的博士論文致謝詞最後，我寫下這句話：「由衷感謝內人在這些年的支持與鼓勵，尤其難忘的是那些日子，我們僅能買三十角一條的吐司麵包，以及那幾乎是空的銀行帳戶。」

第九章
馬里蘭：突破偏見的學術路

因為你有一個錯的姓氏

這個美麗的州位於華府近郊，事實上，華府正是從馬里蘭州劃分出來的一塊地，依傍在波多馬克河（Potomac River）上，被設立為美國首都的特別行政區。所有政府部門、國家級研究機構與博物館皆集中於此，是一個雖不廣為人知，但卻氣派大方、人文薈萃的城市。不知不覺，我在這裡一待便是三十餘年。

然而，1990 年的華府卻被稱為「美國的謀殺首都」，因為當時的謀殺率居全美之冠，尤其是東北區與東南區更為嚴重。當時的市長竟是一名曾因吸毒入獄的犯人，出獄後又再次當選，因為他是非裔，而這兩區幾乎全由非裔居民組成，擁有選票優勢。而馬里蘭大學緊鄰東北區的一個小鎮，名為學院公園。相較之下，華府的西北區

與西南的喬治城則是地價高昂的高級區。

我剛到時,他們就警告我千萬不要從一號公路往南開進華府,否則會後悔莫及。身為一個客家話說的「硬頸」人,我當然會親自去看看究竟是怎麼回事。果然,一進入東北區,街道兩旁的房子不是沒門就是沒窗,大多用木板釘住,庭院荒蕪不堪,牆壁的油漆剝落,到處都是頹敗景象,彷彿無人居住的鬼城。但每個路口卻都有幾位滿身刺青的壯漢,坐著或站著盯著你看。如果碰上紅燈,雖不得不停車,但你只想趕緊闖過去,因為無法預料這些人會不會拔出刀槍或直接闖上來。據說他們多半是販毒者,或是地盤看守者,身上都帶著武器。這樣緊張地撐了一路,終於脫離那片可怕區域,自此三十多年未再踏入過一次。

到了馬里蘭大學後,我在學校旁的公寓租了房子,緊鄰著國家實驗農場,窗外是一片綠油油的農地。對於剛從洛杉磯來的人來說,這比那「海浪」聲美上太多。傍晚時還能看到許多螢火蟲飛舞,讓我驚喜萬分,因為我從未親眼見過螢火蟲。

第一年的時間主要用來備課、做研究、寫論文,以及撰寫研究計畫尋找經費。當時的主力電腦是工作站(workstation),一台要價兩三萬美元,雖然昂貴,但能支援多位使用者。同一年新來的美國人就買了一台,但會

計部卻說我沒錢可買。我便去找系主任,他說:「你來應徵時沒談啟動經費,所以沒有預算。」不過他隨即說:「沒關係,我幫你買一台。」的確,當時我什麼都沒提要求,不像現在的新進教授都有一筆可觀的啟動經費。學校只提供我兩年、一名研究助理九個月的薪水,連暑假的薪資都沒有。記得第一年暑假因無經費發薪,我去找所屬的研究中心,中心主任竟說:「我這裡不是退休的地方!」說來也是我自己沒經驗,不懂得談判。美國有句諺語:「你得到的不是你應得的,而是你談判來的。」這就是西方文化的本質。

因為沒錢,我只得更努力去爭取研究計畫。但經濟低迷一直延續到 1994 年前,前三年真的非常辛苦,連資深教授都找不到經費。我也曾多次萌生放棄學術志業的念頭。終於,柳暗花明,陸續從美國國家科學基金會、國家衛生院、海軍與工業界取得多項研究計畫,從此不再為經費煩惱。

系主任曾笑稱我是他「最危險的人」,因為當老師們遞交研究計畫時,資助單位常要求系上提供配套經費,他通常會答應支援一兩位學生的經費,畢竟成功率通常不高。他估計四、五個案子中會成功一個,結果我所提出的計畫全數中選,讓他大大賠了一筆。

當時我也有一群優秀的學生，完成了不少重要成果，並獲得 IEEE 訊號處理學會的最佳論文獎。系主任因此提名我申請當時稱為「總統年輕學者獎」，後來改名為「國家科學基金會年輕學者獎」。這是每年在每個領域僅頒發一位的大獎，獲獎者可獲為期五年、每年五十萬美元的研究經費。對當時的年輕助理教授來說，這是個極具份量的榮耀。

　　幾個月後的一個傍晚，將近六點，我正準備下班回家，系主任突然神情嚴肅地走進我的辦公室。我有些錯愕，因他從未未經預約就直接造訪。他一進門便說，他剛與一位在國家科學基金會擔任審查委員的老同事通完電話，對方說：「你排名第一，但是你沒選上，因為你有一個錯的姓氏（because you have a wrong last name）。」

　　系主任是道地的德裔美國人，他不可能編造這樣的故事來貶低自己的國家。他是我的聘任者，一直支持我並以我為傲，這次也為我感到不平。他在辦公室裡踱了幾步，語重心長地說：「不要讓這件事改變你對研究的態度，繼續努力，直到他們無法忽視你。」說完便離開了。我愣了一會兒，久久無語，隨後收拾東西回家。

　　隔年，也就是 1994 年，是我最後一年符合年輕學者的資格，幸運地再次被提名並最終獲獎。後來系主任升任

院長、學務長,並轉任他校校長,我則繼續走我的科研之路,與他再未碰面。

事實上,這類差別待遇屢見不鮮。雖然有些出於惡意,但更多時候,是無知的刻板印象與文化偏見所致。記得某次與幾位年輕教授共進午餐,除我之外皆為美國人。他們喜歡步行到專賣店買現做的三明治,再找個校園角落坐下邊吃邊聊。美國人的午餐多為手拿式餐點。那時我們正值招聘新教師,其中一人竟說:「我們應該招募美國人,他們教課會比較好。」雖然這是一種偏見,但亞裔的確普遍不擅表達,也不重視這方面的訓練。

但此後,再也沒人敢在我面前講這種話了。因為我陸續獲得系級、院級、全校,甚至 IEEE 的教學獎。我證明了亞裔同樣可以成為出色的課堂教師。事實上,直到我退休,我仍是整個工學院唯一同時拿下教學獎、研究獎與服務獎三項大獎的得主。打破成見,最有力的方式,就是用事實證明它是錯的。

還有一次,我被提名申請科學基金會另一項獎助計畫,竟有審查委員在評語中寫下拒絕理由:「他來自台灣,將來總有一天會回去,沒必要把資源浪費在他身上。」如果這不算偏見,那什麼才是呢?

繼續努力，直到他們無法忽視你

我是一個出了名嚴格的老師。剛開始教書時年輕氣盛，不像其他老師那樣極力討好學生。為什麼呢？因為在美國的大學裡，每學期結束時學生都要對老師的教學進行評鑑，而這份教學評鑑與研究成果一樣，會影響到每年的加薪。

在學期的第一堂課，我會先介紹課程內容與教學宗旨，最後我會告訴學生：「我不是來讓你高興的，我是來教你一輩子受用無窮的知識與技術。我不接受遲交的作業或報告。為什麼？因為這是工程師最基本的專業素養。如果你是醫生，病人有急事，半夜你也得趕到。你將會是工程師，一個公司的競爭力在於其工程團隊是否能準時完成計畫。你的延誤可能會大大影響整個公司的競爭力，所以準時交出成果，是你學生時期就要養成的習慣。」

我還會說：「我們的工程設計將被應用於飛機、車輛，以及各種電子與資訊系統中，設計不當可能會出人命的。一座橋垮下來時，工程師不能說：Oops，我能不能拿一點部分分數？考試做錯或文不對題，就是零分，不要來爭取什麼部分分數。所以，你三十年後都不會忘記我……」

其實，我雖然外表嚴厲，內心卻並不苛刻。在系上，我的課以內容扎實、要求嚴格聞名，但我給分比其他老師還好，因此選修我課的人特別多。多年以後，出外開會時，經常有人跑來對我說：「劉教授，我以前上過您的課，到現在還在用您教的東西，我從沒忘過您。」我們互相會心一笑，那是只有上過我課的學生才懂的默契。

還記得有一次教研究所課程，一位學生竟大剌剌地攤開報紙在看。我嚴肅地說：「在我的課堂上不准看報紙，要看請出去。」他尷尬地收起報紙。多年之後，我在競選 IEEE 總裁時，正向會員大力宣傳我的政見與承諾。有一天收到一封電郵，對方說他二十多年前曾修過我的課，取得碩士學位，現在是奧勒岡州某電力公司的控制工程師，至今每天的工作仍用得到當年我教的內容，他一定會支持我的競選，還會說服同事投我一票。

我看了名字覺得眼熟，便回信先致謝，然後問他：「你是不是 1994 年上我的課，被我罵過、差點趕出去的那位？」他回信說：「我正是那位學生。非常感謝您的教導。如今我有幸福的家庭，兩個孩子，也在幾家公司歷練過，擁有不錯的專業經歷。」我當選後，他再次來信恭喜我，並詢問是否能為他升任 IEEE 高級會員寫推薦信，我當然欣然答應。幾個月後，他來信告知已順利升等，並再

次致謝。當老師的確有苦也有樂，這，正是一樂。

系主任對我很好，他是聘用我的人，我表現得越好，他的決定也就越成功。記得我剛到馬大時，他向我解釋升等副教授、取得終身教職與晉升正教授的標準與流程。我當時打斷他說：「這些不是我的目標，我的第一個目標是成為IEEE Fellow，其次是當選國家工程院院士。」他當場愣住，可能心想：這傢伙好大的口氣，真是初生之犢不畏虎。如今回想起來，當時敢講那種話，也真令人捏一把冷汗。

在我那個年代，做得頂尖的人，大約需花十年時間才能當選 IEEE Fellow。後來我已獲得 IEEE 最佳論文獎、國家科學基金會年輕學者獎，擔任過信號處理學會多媒體技術委員會主席，並發表近百篇 IEEE 期刊論文。但我仍提名三次才被選上。我的許多同儕雖無這些資歷，卻早已當選。資深前輩詢問評選委員會成員原因時，得到的答覆竟是：「Nothing spectacular」──沒什麼特別出眾的。直白地說，也就是「莫須有」。

直到 2003 年，我以前所未有的最高票當選信號處理學會理事，並被任命為該學會旗艦期刊《IEEE Signal Processing Magazine》的主編，這才終於當選 IEEE Fellow。我才知道，原來那個 Fellow 選委會早已多年未換人，誰是

委員也沒人知道,運作猶如黑箱。英文裡有個詞叫「good old boys」,意思是由一群老男人組成、長年壟斷資源的封閉小圈子,而我基本上並不認識那群人。

後來我擔任學會領導,便著手讓這個選委會制度透明化,設立任期限制,更重要的是,人選提名與遴選機制須更嚴謹並注重多元平衡。

當我當選國家工程院院士時,道賀如潮,許多人都說這是「遲來的肯定」。普林斯頓工程學院的院長甚至在公開場合說,這是個「way so overdue」的榮譽,其實她早在四年前就已私下表示這點。雖然是遲來的喜訊,我深信,唯有實至名歸,才能贏得真正的尊敬。遲來的遺憾與提早的歡欣,都在一念之間,很快時間就會沖淡一切。我常跟學生與後輩說,人生就像一場馬拉松,途中誰跑在前面並不重要,重點是誰最終跑到終點線。

但也別把每個獎項都當作終點,它應該只是另一個起點。勝敗乃兵家常事,真正該追求的是一生的成就。抱持這樣的心態,自然就沒有什麼好計較的了。

我永遠記得並遵循系主任當年對我說的一句話:「繼續努力,直到他們無法忽視你。」在美國的華人,往往必須付出數倍努力與成就,才能得以平起平坐,這是不爭的事實。但我也發現西方人可愛之處──一旦他們肯定你、

信服你,就會真心支持你,不似華人社會的複雜多端。

有了資源,我的研究團隊開始加速科研進展,實驗室擁有系上最多、最先進的工作站,我的科研人生志業,也就此正式起飛。

第十章
美國夢和夢醒時分

美國地大物博,因此到處都有平價房產。只要肯努力工作,人人都有機會擁有自己的房子,這就是大家常說的「美國夢」。

來到馬州後,我們租了一年多的房子,最終認為置產買房比較划算。馬州的房價相對便宜,只要有一份穩定的工作,貸款買房並不困難。我們看了一陣子,最後在離學校大約二十分鐘車程的銀泉區買了房子。這裡比學校附近安全,環境也更好。我們買的是一棟典型的馬州住宅,外頭有四根白色大柱子,四房兩廳、兩層樓,座落在一條路的盡頭,旁邊有一個圓弧形的轉角。我們非常高興,來美國辛苦了這麼多年,終於實現了我們的美國夢。

然而才搬進去第二天,就發現情況不妙。問題不是出在房子本身,而是房子對面有一大片所謂的「特別區」。馬州政府規定,每個大型社區都必須劃出一區,專門提供

給低收入弱勢家庭居住。這些地方大多是公寓，政府會從各地甚至外州安置弱勢家庭，大部分是非裔和西裔美人，提供補助讓他們入住一般中產階級的社區。雖然出發點很好，旨在打破貧困環境的惡性循環，但事實卻事與願違。

每天一到晚上，他們街口總會聚集一些年輕壯碩的男子站在那裡聊天，而且一聊就是整晚。這場景讓我想起從一號路開進華府的歷險。他們經常將車上的音響開得震天價響，我們在對面屋內都不堪其擾。打電話叫警察來，聲音會暫時小些，但警察一走，音樂聲反而變本加厲，像是在報復。第二天一早，地上不是碎酒瓶就是香蕉皮。這一帶幾乎每週都能看到警車、救護車，甚至消防車，還真的發生過幾次火災。他們的小孩成群結隊地騎腳踏車在人家草皮上遊蕩，如果壓到我家的草皮，我會出去制止，但就像那些年輕壯漢一樣，我一走開，他們反而更加惡意地在草地上來回騎壓。

我們的美國夢，很快就在這樣的現實中破滅了。擁有一個家，本該是充滿安全感的避風港，可以讓一家人平安快樂地生活，但現實卻恰恰相反。周圍的環境彷彿充滿敵意，無形中帶來巨大的壓力。其實，美國的城市基本上是一個無形的經濟隔離社會，有錢人和經濟條件較好的人住在好區，而好區的房價自然也高，沒有一定經濟實力根本

負擔不起。因此，在美國各地，好區與壞區的區隔非常明顯，不像亞洲或歐洲，雖然也有貧富之別，但沒那麼清楚分明。美國的好區大多由白人或亞裔居住，壞區則多為非裔或西裔，雖然不再是法律上的種族隔離，卻自然形成了經濟隔離，也反映出某種程度的種族隔離現象。

好在我們有幾位好鄰居。Jim 就住在隔壁，是一位獸醫，來自北卡羅萊納的非裔美國人。他非常勤快，經常修剪草皮、美化庭院，種植各種花草。美東的院子之間沒有圍牆，草皮連成一片，所以他的院子越美，我這緊鄰的院子好壞立見。Jim 很熱心，我所有打理美式庭院的本領都是向他學來的。從挑選割草機、操作保養，到購買專門修剪邊緣的手提機器、施肥撒種，全都是學問。有一次，他幫我查看房子旁的矮樹叢，發現裡面有蜂窩，正準備除掉，結果我們倆一不小心被叮得四處亂竄。若不是有 Jim 這樣的好鄰居，沒在美國長大的人還真難以自己打理庭院。當然，我也得感謝衛道石修士從小訓練我除草的經驗，才不再畏懼園藝之事。

Jim 的後院有一個像大汽油桶一樣的烤爐，橫放在架子上，原來是他父親幫他打造的正宗北卡 BBQ 烤爐，還能煙燻呢。Jim 幾乎天天使用這個烤爐燒烤。原來北卡是美國的 BBQ 聖地之一，燒烤早已融入他們的血脈。看他

如此專精，我也跟著學習，尤其是北卡的絕活——用胡桃木煙燻數小時。奇怪的是，中式料理很少有燒烤習慣，反而歐亞大陸、日本、韓國、美洲和東南亞等地，很多是以燒烤為主要烹飪方式。自此之後，我的燒烤也逐漸小有名氣，尤其是融合中西風味的煙燻燒烤，自成一格。

　　斜對面住著一對德裔老夫婦，非常和善，大約七十多歲，先生是自己創業的工程師。他們從德國移民到美國，一起打拼，有兩個成家的孩子。他們說，如果看美國隊對德國隊的比賽，夫妻倆為德國隊加油，孩子們則支持美國隊。我問他們為何彼此用英文交談，他們笑說英文句子短，不像德文一個單字可以很長。在這兩家之間，住著一位美國白人，是會計師。我們剛搬來時曾去打招呼自我介紹，但對方態度冷淡，後來也就沒什麼來往。

　　這棟房子已經有十幾年歷史，家裡的電器如冷暖氣機、熱水爐、洗衣機、洗碗機等，以及各種水管水龍頭都需要汰換，當初買房時並未料到這些開銷。由於經費有限，能自己修的都自己動手。有一天，一根白柱子忽然倒塌，掉落地面，下方因長期浸水早已腐爛。正傷腦筋如何修復時，一起在中文學校當志工的老朋友 HY 有木工經驗，特地來幫我修理這根柱子。人生有難時，願意伸出援手的人不多，HY 正是這樣的朋友，我們後來也成了很好

的交情。房子外牆因西曬,油漆大多剝落褪色,請人估價,遠超出我們的預算,只好自己動手。拿著高梯,在兩層樓高的外牆和屋頂上油漆,整整花了一年多才完工。沒做過真的不知道這工作多麼辛苦又危險,人必須站在陡峭的高梯上慢慢塗抹,像作畫一樣急不得,還得塗上兩遍。這才真正佩服那些油漆工,每天能做這麼辛苦的差事,果然行行出狀元。

那時小女兒也已出生,這個住宅區裡有一片優美的小樹林,我們經常下班後或週末帶著孩子去林中散步或騎單車。下雪時,學校會停課,我們就在小斜坡上滑雪玩耍。馬州到處都有這類樹林保留區,一條小徑蜿蜒穿過樹林,林木高聳,小橋流水、大石頭和一個小池塘,恬靜優美。然而,這裡也流傳著一個悲傷的故事。據說某年冬天,池塘水面結冰,一對小姊妹來此溜冰,冰面突然破裂,她們跌入冰水中,等到救護人員趕到時,已經為時太晚。

可惜的是,隨著特區逐漸湧入不良分子,這一帶的治安也日漸敗壞。樹林入口的招牌出現了幾個彈孔,裡頭的大石也被塗鴉,偶爾還能看到一些古怪的年輕人在那裡閒晃。這裡已不再適合久居。孩子也已經開始上學,我們漸漸發現,他們的言行受到了特區次文化的影響。我們也開始計畫,搬到一個學區更好、更安全的地方了。

第十一章
週末的中文學校

在美國的華人，為了讓孩子們繼續傳承並了解中華文化，通常都會安排孩子們到週末的中文學校學習。當我們去報名時才發現，附近的老牌中文學校正因內部不和而分家，因此學校急需志工。我們因為孩子在這裡上課，也順理成章成為志工，在理事會幫忙招呼打點。很多家長也自願擔任老師，教導中文，從小學、初中到高中都有開課。

我負責協助課外活動，除了各種運動，還有許多與中華文化相關的項目，如踢毽子、武術、太極拳、象棋圍棋、民族舞蹈等。暑假期間，我還會舉辦露營活動，這是一項很好的親子活動，也頗受歡迎。馬州的營地特別好，不僅地勢平整，還有圍繞在樹叢中的私密空間，浴廁、水源、燒烤設施一應俱全。我們甚至遠征到緬因州的國家公園露營，那裡的浣熊特別聰明，會用兩隻前掌先推開冰櫃的鎖，再打開冰櫃，而且還很挑剔。據說牠們只拿高營養

價值的食物,如雞蛋或低膽固醇的健康食品。其實我不太相信,但看著牠們圓滾滾的模樣,的確應該減減肥了!有一晚突然聽到隔壁帳篷傳來尖叫聲,出來一看,竟然有隻浣熊能打開老美架在車上的箱型衣櫃,鑽了進去,結果門關上後出不來了。當那位老美半夜想拿衣物時,竟然冷不防地從櫃裡跳出一隻浣熊!

通常在美國的中文學校沒有自有校舍,大多數是租用初高中教室,在週末授課,大多安排在週日下午。帶孩子上課時,家長們也利用這段等待時間交流,舉辦各種活動,如打球、舞蹈、演講、卡拉 OK 等等。就像猶太人利用週六去教堂順便聯誼,我們華人則是透過週末的中文學校增進彼此交流,也結識新朋友。

孩子們也在這裡認識了許多華人同學,大多數的孩子還會說一些中文,只是程度有多有少。我們家裡平時都說中文,所以孩子們也能用中文溝通,但孩子們之間大多還是以英文交談。這種一週只有幾小時的中文課,雖然學習認字寫字,到頭來也還是認不得幾個大字。我們也放寬標準,只要他們願意去上中文學校,就會給些獎勵,比如吃冰淇淋,每家幾乎都如此。有時孩子做作業煩了,還會抱怨不想上中文學校,甚至埋怨我們這些華裔父母只會給孩子增加壓力。天下父母心,直到他們長大了才會明白。果

不其然,不用等太久,當他們大學畢業、進入社會後,很快就體會到擁有雙語能力,以及了解血脈中文化傳承的好處。他們非常感激,甚至說以後也會送自己的孩子去中文學校。我笑說:「真好,那你們等著也被孩子抱怨吧!」

因為我們必須租用美國學校的教室和設施,有時會遇到麻煩,甚至被欺負。有一次,學校租用一所高中的大禮堂舉辦新年春節晚會,有很多學生表演節目。這也是我的職責之一,要到處張羅打點。我注意到,該校負責禮堂的工友對我們的孩子們非常不友善,不是大聲斥責,就是置之不理。這不僅違約,因為我們也支付了他的鐘點費,他的態度簡直是帶有歧視,完全無法接受。會後,我與其他理事和校長討論是否應向美國高中校方提出抗議,但過半的人認為我們還要繼續租用教室,還是以和為貴。我據理力爭,明明是明顯的歧視待遇,若不趁此時機向美方表達立場,只會助長這名工友的囂張氣焰。然而,大多數人還是選擇息事寧人。

一週後,我們收到美方校長的通知,聲稱我們的春節晚會損壞了他們的聲音反射板,要求我們賠償五千多美元。這正是那位工友提出的損害報告。真是惡人先告狀,我們根本不知道那是什麼東西,怎麼可能去使用它?於是我去學校找那位工友,請他指給我看所謂的反射板是什

麼。原來是幾塊可以折疊的大板子，用來反射鋼琴或合唱團的聲音，使聲音傳向觀眾席。其中一塊板子的側邊有折損的痕跡。我告訴他，我從未見過這東西，更不可能使用，當天你也整晚都在場，應該非常清楚。他卻態度強硬地說，我們不但用了，還弄壞了。如果不賠錢，以後別想再借用大禮堂。

我把這訊息帶回去，第一，我們根本沒使用過，更沒有損壞；第二，這位工友擺明在威脅我們，不賠就不讓我們再租。結果大部分理事竟然主張賠錢了事。真讓人想到中國近代史，戰沒打輸卻照樣割地賠款，自家人鬥得兇，面對外國人卻成了軟腳蝦。他們說那位校長和工友一鼻孔出氣，我們也無可奈何。我說，那就告到郡督學辦公室，那可是這位校長的上級，他們最怕的就是被指控歧視。但還是沒人贊同，多數理事和校長都不願意。我說，好，你們不敢去，我自己去。一位在 NASA 工作的理事自願和我一起行動。

我們先寫信給郡督學辦公室主任，要求會面。但一兩個月過去了，毫無回音。於是再寫一封信，明確告知如果繼續避不見面，我們將向媒體公開此事。當時約在 1995 年，互聯網尚未普及，書信來往多以郵寄為主，需要一些時間。不出兩週，我們果然收到了回覆，約定會面。

到了會議當天,那位高中校長和工友也在場。先由工友控訴我們損壞了反射板,我便當場表明,我們從未聽過什麼反射板,更別說會去使用它了,請工友拿出證據。我隨手將一疊百餘張當晚家長拍攝的照片放到桌上,說:「這些照片記錄了整場晚會,請各位查看,沒有一張照片出現過反射板,而且當晚還有更多人在拍照。」全場一時鴉雀無聲。這時工友硬撐著說:「那有可能是在照相之間你們用了反射板啊!」我雖手上沒有錄影帶,但情急生智,立刻說:「我們有人全程錄影,你要不要看看?」

　　這下工友下不了台,他氣得把眼鏡摘下重重摔在桌上,他的校長立刻厲聲斥責。工友隨即站起身走出會議室,那校長也跟著出去。大家面面相覷,無話可說,事實已經十分明朗。不久後,那位校長回來,當場道歉。我要求他正式出具一封道歉信,並保證我們的孩子不再受到任何歧視性的騷擾。這場鬧劇,總算就此落幕。

第十二章
矽谷一年,看見創業的現實

1995 年,我升任副教授並獲得終身職,隔年便有一年的帶職研修機會(sabbatical leave),這是美國學界的一項傳統習俗。每六年,老師可以有一年用來充電、旅行或從事自己想做的事,可以說是重新調整步伐的時光。那年,大學老同學 TC 來華府探望妹妹,我們見面時他說正要創辦一家新創公司,希望我能利用這一年幫忙。於是我聯繫上史丹佛的一位知名大佬,他說那邊的訪問學者名額通常要提前三、四年申請,但他特別欣賞我,願意為我破例安排。我也告訴他,我會有一半的時間協助新創公司。就這樣,我們舉家搬到矽谷一年。

我們租了一間位於 Cupertino 的兩房一廳平房,那正是 Apple 的所在地。這裡是黃金地段,雖然屋齡老舊,浴室還帶點霉味,但租金卻比馬州高出三倍。當時馬州一棟典型的房子大約二三十萬美元,到了矽谷則要七八十萬;

若是在鑽石地段的 Palo Alto，更是動輒一百萬起跳。矽谷充滿創意活力與無限機會，薪資雖高，但人人都被高昂的房價壓得喘不過氣來。這裡是創業的天堂，人人都想一試身手，搭上創業列車追尋矽谷夢。其次，則是期盼能加入一家即將上市的公司，搭上 IPO 上市的順風車。剛到這裡時，聽人人口中常提 IPO，我還問人那是什麼。當時的 Apple 正處於低潮期，賈伯斯因內部鬥爭被踢出公司，公司元氣大傷，尚未復原。當年這一帶大部分的商業大樓都是 Apple 的，但一天一天地，Apple 的招牌一個個被拆下。沒人料到二十年後的 Apple 會因 iPhone 和 iPad 成為全球市值最高的公司。

北加州屬於沙漠氣候，夏季乾燥，到處是枯黃的景象，冬季則因海風帶來濕氣，使光禿禿的山丘變得綠意盎然。整年氣候宜人，幾乎像只有一季的春天。這樣的天氣讓人一早起來就精神振奮，也能整天神清氣爽。這裡少有下雨，大多數日子都適合戶外活動。學校的校舍多半是開放式設計，一開門就是戶外，與東部密閉式建築完全不同。雖然 Cupertino 是矽谷數一數二的好學區，但這裡的課程內容和深度，仍不如馬州的學校。

從 Cupertino 前往史丹佛的高速公路蜿蜒穿過山丘，是一條風景優美的道路。史丹佛校園依山而建，充滿西班

第十二章　矽谷一年，看見創業的現實

牙風格建築，獨樹一格，既優雅又雄偉壯觀。我每週有一半的時間在那裡做自己想做的事，聽演講、認識各地來的學者，也結交了不少新朋友。我通常一早就到，讓我驚訝的是，這裡的老師除了少數幾位，很少有人一大早來上班，整天也不常見到人，大概是因為在矽谷有太多外部的機會與誘惑吧！這段時間，我最大的收穫是能擺脫瑣事干擾，心無旁騖地閱讀、重新思考未來的研究方向。每隔一段時間，大約一個月或半個月，我會飛回馬州和學生們見面。那時年輕，常搭晚上的紅眼班機，五六小時飛到華府，一大清早就到，回家洗個澡便去學校工作一天，然後再飛回加州，到家已是半夜。如今年紀大了，已無法再像當年那樣拼命工作了。

　　TC 是我大學時代的好友，當兵時每逢週末出營門，常跟他開著他母親的車，整夜在台北周邊的山區、海邊開逛，直到日出才回去睡覺，晚上再返回營區。有一次，我們晃到正在施工的關渡大橋橋下，半夜兩三點，四下無人，我們竟然沿著橋墩爬到橋頂看風景。還有一次開到深山裡，疑似看到鬼影，嚇得拔腿狂奔。年少輕狂，也不過如此了。TC 人脈廣、能力強，拿到一筆大公司提供的經費，進行一個大型晶片計畫，他便用這筆錢作為種子基金召募員工創業。矽谷到處都是新創公司，但像他這樣不用

093

靠創投就能獨立籌資的，可謂極少，他幾乎成了公司絕對的大老闆。

我到時，他已召募了三、四位華人英雄好漢，共同擔任要職，個個在美國取得高學歷，實務經驗豐富且能力出眾。更重要的是，矽谷一夜致富的經典故事隨處可聞，讓每個人都充滿雄心壯志，躍躍欲試，有著「捨我其誰」的豪情。1996 年正值 .com 時代開啟，新技術的開發和投資正火熱。以這群人的學經歷，自然而然便拿到許多資助，推動大型計畫，公司也迅速成長，不久便發展成擁有二三十人的團隊。

我當時協助指導一個團隊，開發出世界第一顆單一晶片的視訊編碼器。那是 1996 年，電話視訊的標準 H.263 剛剛完成，大家都在期待能透過視訊通話看到對方。當時 SONY 的產品需要四顆晶片串聯，當紅的視訊晶片公司 8x8 也需要兩顆晶片，而我們的單晶片設計，成了這家新創的主力技術之一。

然而，那幾位擔當重任的朋友，在這種氛圍下開始覺得，他們不該只是高級主管，而應該擁有更多公司股權，成為合夥人。他們向 TC 提出要求，但最終未能達成共識。不久後，我回到馬州復職，聽說這家公司雖已成長到上百人，但最終卻四分五裂，演變成幾家公司，甚至還因

智慧財產權糾紛鬧上法庭。讓我感到十分惋惜。這個新創公司本來天時、地利、人和樣樣齊全，資金也不缺，完全有潛力成就一番大事，但終究因人心不合而錯失良機。所謂「家和萬事興」，這正是一個最貼切的詮釋。

這段經歷讓我親身體會了新創公司的成長過程，以及其面臨的種種挑戰與困境。就在一年期滿、準備返回馬州時，一位老朋友來找我，希望一起在馬州創辦新公司。我心想，這來得正是時候。

第十三章
千里眼：一場未竟的夢想旅程

視訊安防系統的數位革命

我將這家新創公司取名為「Odyssey」，寓意這將是一場漫長而精彩的旅程。這位朋友是馬州一家小型科技公司的負責人，也是從台灣來的移民，我們常在他家唱卡拉 OK。他也曾贊助我申請國家科學基金會年輕學者獎的科研計畫。他說有位親戚是台灣知名電腦公司的創辦人，想投資一個有前景的新創公司，問我有什麼想法。我告訴他，我剛設計完成單一晶片的視訊通訊，但大部分一般的電腦和筆電因處理速度不到 100MHz，無法進行視訊通訊。目前市場上急需能以軟體實現的視訊通訊技術，應用前景非常廣闊。於是我們決定合夥成立這家新創公司，專注於開發多媒體通訊軟體。他去找這位台灣大老闆籌到一大筆資金，自己擔任董事長，負責投資與行銷，我則出任

總裁,負責營運與技術。馬大非常鼓勵教師創業,將理論應用於實務上,系上大約一半的老師都有自己的公司,只是大多偏向承接政府計畫,很少真正開發產品。

我邀請了幾位過去的博士生負責研發,還有幾位從事軟體開發的老朋友,共同開發能在當時極慢的電腦上實現視訊通話、數位照片處理與畫質提升,以及透過視訊偵測入侵的安全應用系統。以今日 GHz 等級的電腦來看,這些功能輕而易舉,但在當年處理器不到 100MHz 的速度下,若沒有專業的資訊與訊號處理技術與快速演算法,是絕對辦不到的。經過一番努力,這套產品結合了台灣幾家專門從事 ODM/OEM 的公司,也成功打進 IBM,整合到知名的 ThinkPad T 系列中,每賣出一台,就會支付我們一筆授權費,看似前景光明,但要真正打開市場還需要時間。

就在此時,我們發現所開發的安全應用軟體,若搭配視訊採集卡,可以同時使用 4、8 甚至 16 個攝影機,實現多功能的視訊安防監控系統,並且能透過視訊壓縮技術將資料儲存一至兩週,還能經由電話線連上網路。當時是 1998 年,只有透過撥接電話線上網,尚未有今日的寬頻網路。這是一個劃時代的構想,因為當時所有的安防監控系統都是類比系統,沒有數位系統,更別提透過網路監控了。而且使用卡帶儲存類比視訊的系統,必須每隔一小時

更換卡帶,一個像 7-11 這樣的小超市,就需要一間小房間來存放卡帶!

我們的發明可說是視訊安防系統的數位革命。首次實現了安防系統的數位化,一至兩週的壓縮儲存不僅大幅節省人力與空間,還能透過網路,即便頻寬有限,依然能讓遠方的人即時監控現場情況,這在當時幾乎是難以想像的突破。不久後,日本、中國、英國、歐洲大陸、加拿大,甚至南美洲的巴西,都來向我們採購。日本大廠日立還派專人常駐我們公司合作,中國也派來十餘人的團隊。美國的大型連鎖店,如 McDonald's、Burger King、Avis、CVS,也都採購我們的系統。有些郡的高中指定採用數位規格,也來向我們採購,因為當時市場上找不到其他同類產品。有一次,我參觀加拿大一家鑽石與金銀冶煉廠,他們布建了我們的視訊監控系統,從任何地方、任何時間都能監控過去與現在發生的事。這個廠房的進出管控極為嚴格,進出必須脫衣換鞋並秤重,以防止貴重物品被夾帶出去。看到我們的數位系統 24 小時不間斷地取代傳統設備,應用於這麼吃緊的防衛工作,心中不禁感到無比驕傲。

其實,當時還發生過一段不能公開的插曲。當時巴西治安極度混亂,銀行搶案層出不窮,政府因此立法,規定銀行必須安裝視訊安防監控系統,否則不得申請保險。我

們因此也在巴西賣出了不少產品。有一次，一家準備採購我們系統的銀行在測試當天竟然真的遭遇搶案，但他們忘了開啟安保系統，因此沒有錄下任何影像，事情鬧大了，他們無法向上級交代。正當我們納悶他們怎麼會犯下這麼低級的錯誤時，竟接到他們的緊急來電。他們說，打算安排一個假搶匪再「演」一次，這次一定會開啟錄影功能，並希望我們協助修改影像的時間戳，將錄影時間回溯到真正發生搶案的那一天，這樣他們就能交代過去，也不影響保險理賠。還說我們也能因此再做一筆生意。我們當場嚴正拒絕，萬一東窗事發，不僅公司倒閉，我們恐怕都要鋃鐺入獄了。

錯失的關鍵機會

日立的經理朋友與我合作了兩年，他們對細節要求到了極致，甚至派人長駐我們公司。有一次，我去日立造訪，這位經理邀請我參加一場向日立執行副總的報告會，並請我「順便」上台說明，為什麼只有我們能做到，其他公司做不到。我一邊講，那位副總一邊不斷發問，甚至帶著許多錯誤觀念上台，在黑板上與我辯論。最後，他心服口服，轉頭問經理：「這個計畫的時程是多久？」當經理

回答說還需要一年時,他立刻打斷說:「太久了,我要半年內完成!」原來日立打算成立一個新的業務部門來推動這項計畫。會後,這位經理朋友終於告訴我真相:「我們都怕這位博士出身的副總,他什麼都問,還會當場罵人。從沒有人敢當面反駁他,只有你敢說他錯,所以我們特地等你來才開這場會。」俗話說,不打不相識。教授本來就是靠黑板上的爭論討生活的,這回算是讓他開了眼界。

當晚,這位副總還邀我單獨共進晚餐。我們來到一處沒有招牌、像小茅屋的地方,日本正式晚宴有八道菜,那天的菜單是用毛筆一筆一劃寫成的。服務生先拿來兩隻活蝦讓我們過目,隨即當場剝殼,只留頭尾,放進桌上的醬油碟中,那蝦子還不停地抽動著。副總拿起蝦子的頭尾,兩三口就吃完了,還說:「這個真好吃,你不敢吃嗎?」我假裝繼續聊天,直到確定蝦子不再動才敢吃下。不久,又送來一條活魚,然後很快地端上刺身,魚身上的肉片整齊排列,而魚的嘴巴還一張一合地動著!

公司很快開始獲利,但第一輪資金也快用盡了。我積極籌募第二輪資金,也順利募得新一輪投資。有了新資金,也到了我該回學校恢復全職的時候,我要求尋找新的總裁接任。其實,我們的投資大老闆夫妻對我非常好,待我如同家人,也是台大的前輩。他們對我說:「我們投資

了二十幾家公司,沒有人比你更適合當 CEO,希望你能離開學術界,全心投入工業界。士大夫的觀念不要這麼深,賺錢有什麼不好?」我解釋說,科研與教育是我的初衷,當初就說好了,我不會離開這個志業。

他們後來找來一位自稱曾是矽谷知名上市電腦輔助設計公司的創始員工,也因此致富。他與投資大老是舊識,願意擔任總裁,並承諾常來華府。他的任務非常明確,就是拿新資金迅速擴大行銷業務。但這位新任 CEO 一來就表現得毫無目標,沒有任何擴展計畫,每次來公司走馬看花,對我們的技術、產品和市場行銷也沒有深入了解,團隊對他逐漸失去信心。我帶他到日本日立總部,向日立朋友介紹繼任者,日立的朋友私下語重心長地對我說:「對我們來說,Ray-san 就是 Odyssey。」直到後來我才明白,日本人做生意最重人際信任,甚至超過技術本身,也許他們早已預見未來的走向。我對此感到十分不滿,但沒人願意聽我的意見,最後我甚至辭去了董事會職位。

一年半後,也就是 2001 年 5 月,那位新進大股東已成為董事長,其他人也不再積極參與。他突然到我辦公室來找我,說:「我是來向你道歉的,你過去說的話全都應驗了。我們已經解雇那位 CEO,你能不能回來幫忙?」我說:「你的道歉我接受,但時機已過。兩年過去了,許

多人早已趕上你們,我還能幫什麼呢?」

四個月後,911 恐怖攻擊事件爆發,美國和全世界開始大量採購數位視訊安防監控系統。一個偉大且觸手可及的夢想和計畫,就這麼逝去了。如今,這個領域的全球市場價值超過一千億美元,全源自於當初我們在 1997 年的開創。如今二三十年過去,我們當年設計的系統「Remote Eyes」,中文名「千里眼」,至今仍在市面上銷售。只是啊,那領頭羊的風騷與前景已經不再。

第十四章
波多馬克的歲月

從此札根的地方

波多馬克（Potomac）河橫貫馬州與維吉尼亞州的邊界，華府便依傍其側，也為這座城市增添了潺潺流水的優美景致與生命力。這條河正是美國南北戰爭時南方與北方的分水嶺。而華府郊區沿河而建的波多馬克鎮，是政商學界名流聚居的地方，宛如一座美麗的大公園，還擁有多座世界級的高爾夫俱樂部。這裡有華府地區最好的學區，出入華府或前往維州都同樣便利。到處都是別墅式的大宅院，經常可見各國國旗在院前飄揚，大多是各國大使的住所。

那是 1998 年，孩子們正值升上初中或準備上小學的年紀，我們決定搬離原來的住所。看了許多地方，最終在波多馬克看中了一棟莊園式大宅。外牆砌著白磚，高聳的

四根古羅馬式白柱，看起來宛如一座小白宮。占地兩畝，前方是一座小丘陵，車道兩旁種滿樹木，蜿蜒而上。房子坐北朝南，冬日陽光充沛，院旁有一條小溪從東邊的小山蜿蜒而下，流經前方溪床，往西延展而去。站在高處俯瞰，四季景色各具風情，美不勝收。記得曾有位自稱風水大師的朋友說，這可是塊寶地呢！

我們從未想過要買這麼大的房子，而這房子的售價也遠超出預算。但實在難以抗拒它的大氣與美麗，加上其他房子都看不上眼，最後還是決定一試。屋主是一對印度錫克族的老夫婦，都是即將退休的醫生，孩子們已經離家上大學，他們的醫院在很遠的地方，不想再為通勤塞車所苦。老先生還是心臟專科醫生，經常需要緊急趕往醫院。他們對我在馬大擔任教授也頗為欣賞，當我們說明經濟狀況，只能以遠低於他們開價的價格購買時，沒想到他們爽快地答應了。這個價格若在矽谷，也不過能買到一棟普通房子，即便如此，還是超出了我的負擔範圍。買下之後，我們便下定決心勒緊褲帶過好幾年。這讓我想起當年在台北購買小套房的往事，其實買房賣房說到底就是一場緣分，一個願買一個願賣，價錢反倒成了其次。有朋友的孩子說我們是有錢人家，我笑說：「要錢沒錢不是有錢人家，只是大戶人家！」

第十四章　波多馬克的歲月

　　一搬過來，對門的鄰居就熱心地為我們辦了一場接風晚宴，邀請了附近的鄰居。來的不是醫生、律師，就是公司總裁。當我自我介紹說是大學教授時，他們互相對看了一眼，打趣道：「我們這裡還真不知道大學教授是什麼職業呢！」對面的鄰居先生是阿拉伯人，是中東一家公司派駐美國的主管，每年公司都會送他一部新車，所以他家門前總是停滿了各款 BMW。有一次我們的車壞了，臨時向他借車，他竟然直接借我們一台 Porsche。他的太太是美國人，自稱有些印地安人血統。他們的兒子正在波鎮小學上中文班，全天以中文授課。放學後，他常在附近閒晃，有時還會過來跟我們嘮上幾句中文，甚至問一些作業問題。

　　這裡的缺點是房子太大，相距遙遠，鄰居之間少有串門子。附近也沒幾個孩子，孩子們的朋友多數在波鎮較熱鬧的大眾化區域。萬聖節時，這裡更顯冷清，幾乎沒小孩來討糖，我們只好帶著孩子到朋友家附近去「Trick or Treat」。由於學區優良，這裡聚集了不少亞裔，尤其是華人和印度人，也有不少猶太裔。孩子們的功課繁重，家長也特別重視教育。不過孩子們倒是相當美國化，除了課業，剩下的時間不是朋友間的派對，就是各式各樣的課外活動。在美國當父母的，平日放學後和週末幾乎成了司機，尤其是全職在家的母親，簡直就是職業司機，載孩子

學琴、游泳、打球、參加活動。家家戶戶幾乎都有休旅車，因此休旅車也被戲稱為「媽媽車」。

由於各族裔雜居，孩子們難免會遇上一些麻煩。我常叮嚀他們：「千萬不要跟人打架，絕對要避免。如果你非打架不可，那就不要打輸，不要哭著來找我。」有一天，校長打電話來，要我們立刻到學校一趟，因為小孩在校車上和別人打架了。我到學校的第一句話就是問：「你打輸了嗎？」孩子說沒有。我點點頭說：「好，那剩下的交給我處理。」

當然，不是所有鄰居都這麼和善。有段時間，我們奇怪怎麼信箱旁的草地上常有狗的大便。這裡遛狗的人都會帶塑膠袋處理狗便便，沒有人會讓狗隨意在別人家門前大小便。一天清早，我準備上班時，正好看到一名中年婦女牽著狗在我信箱旁讓狗大便。我立刻上前說：「妳怎麼可以讓狗在我草地上大便，還不清理？」沒想到她竟然大聲嚷嚷：「這裡是美國，我可以讓我的狗在任何地方大便！」大概是看我東方面孔，以為我是新移民吧。我便語氣堅定地回應：「正因為這裡是美國，所以我們不會，也不能讓狗到別人院子裡大小便。」她自知理虧，悻悻然牽著狗走開。後來才知道，她住在另一區，以為這裡人少，沒人認得她，就故意來這裡讓狗方便，省得自己處理。

邊上的波多馬克河有一處大瀑布國家公園，以及一條沿著河岸修建的人工運河遺跡，長達數百里。當年美國開國總統華盛頓曾倡議沿波河修建人工運河，以將中西部的礦產資源運送到華府。但工程尚未完工，鐵路便興起，運河的商業價值大減，只好半途而廢，留下了荒廢的運河與一旁昔日驢馬行走的步道。這條步道平坦優美，是當地居民休閒運動的好去處。我經常在這裡慢跑、騎車或散步，也曾在波河中學習激流皮划艇，冬天則在室內游泳池練習翻艇技巧。後來還學過獨木舟和海上皮划艇，與激流不同，那是學習如何划長途的水上旅程。

後院奇談──究竟是誰？

我在後院闢了一方小菜園，種植各類瓜果、蔬菜、番茄和豆類，應有盡有。這裡的天候五月底後才不再霜凍，適合種植。從晚春到盛夏，直到十月中秋時節，菜園裡總是收成滿滿，吃不完的還得送給朋友。後院還挖了一個小池塘，圍繞著一方小花園，幾乎每一棵樹、每一叢花草，都是我親手種植的。我最喜愛日本楓樹，它的枝葉優雅，秋天紅、黃、紫交織的葉色令人心醉。其實很少人知道，日本楓在春天剛發芽時，葉色更是絢麗多彩，美得勝過花

朵。我曾經栽種了四十多個品種的日本楓，上百棵樹苗在院子裡，長成後便送給朋友，甚至有些朋友也跟著迷上了日本楓。

有一次經過西雅圖，特別去參觀那裡著名的植物園，據說是美國收集日本楓最多的地方。正值春天，新葉初展，色彩斑斕。我看到一株看似薔薇玫瑰的楓樹，對照心中熟記的百科圖鑑，發現標示的拉丁學名寫錯了。回家後特地寫信給植物園園長，不久便收到回信，感謝我的指正並表示會儘快更正。

孩子們漸漸長大，內人決定考取教師資格，到高中任教。我也開始學習下廚，每天負責家中三餐。起初什麼都不會，只能照著食譜做，漸漸地也有了些心得，愛上了各國風味料理。烹飪和研究其實很像，都是創作的過程。每個地方的特色美食，都是當地世世代代為了養家餬口，從有限的食材與香料中創造出來的。我喜歡探索不同的風味，也開始收集世界各地的食譜和香料，書架上已經堆滿了上百本食譜。下班或週末假日，我常會挑戰各地特色料理。這成了我紓壓的方式，也讓我的探索好奇心不斷被磨練，來維持一顆敏銳的心。

每次出差旅遊，吃到令人驚艷的料理，回家後總想辦法重現出來。我也好奇，在辣椒還未傳入亞洲前，印度人

怎麼吃咖哩？四川人又如何嗜辣？沒有番茄時，義大利人怎麼吃比薩和義大利麵？在發現新大陸前，法國人是如何享用薯條的呢？

這裡的僑社多元，各自獨立。台灣來的、大陸來的、東南亞來的，各有各的社團，壁壘分明，包括中文學校也如此。平日大家相處其實沒什麼隔閡，都是朋友，但一涉及社團活動，大概因為各自背後有不同的大使館或領事館的資助，就變得敏感起來。一到過年過節，各種活動和聚會不勝枚舉。有趣的是，這些人今天參加這個校友會，明天又變成另一個同鄉會，後天再換個協會，雖名目不同，其實成員大致都是同一批人，只是主辦單位換了罷了。我們也曾參加過一些同鄉會和合唱團，有過許多愉快的時光。不過華人圈子畢竟複雜，有時也會出現爭議，圈子總是聚了又散，不常長久。美國人也常說，每個人的人生就像一條線，會有交會的時候，也會有分開的時候。朋友間換工作離別時，若處得好，常會說：「希望未來我們還會有交會的機會。」正如中文裡說的：「有緣再見。」

有一年五月的一天，一早我像往常一樣出去撿報紙，卻發現報紙不見了。打電話詢問報社，他們卻說已經送了。我便在院子裡四處找，果然在前院的草地中央找到報紙。這就奇怪了，我家院子有兩畝大，房子坐落在中央的

小山丘上，報童怎麼可能把報紙丟這麼遠？除非是刻意走上來的，但那幾乎不可能。更詭異的是，之後幾天，報紙的位置越來越靠近房子。這種情況讓人不禁毛骨悚然。送報通常都是天還沒亮時進行，難道有人趁夜色遊蕩在附近惡作劇嗎？我們特別留意了一陣子，情況倒又恢復正常。難道「他」知道我們開始注意了？

過沒多久，報紙又開始不見，這次竟然散落到後院。兒子還神神秘秘地說，有一天清晨，他看到窗前有人影窺視，這可真讓人心驚。我立刻到後院仔細查看，在報紙附近發現幾個白色塑膠繩結，看起來像是警察用來拘束人的那種手銬。這下實在忍無可忍，馬上報警。警方四處查看，也發現鄰居後院的草地上散落著報紙。他們說那些塑膠繩結可能是包裝草種的袋子，但對整件事也感到困惑，只能提醒我們提高警覺，他們也會加強巡邏。隔天，報紙竟然出現在警方前一天站立過的地方，難道這附近真有個精神異常的人，在暗中觀察我們的一舉一動？鄰里間一時人心惶惶，大家議論紛紛，不知道是人、是鹿，還是其他動物，總之無人知曉。

幾天後，不只是報紙亂飛，竟然還出現了一份《華爾街郵報》，上頭還貼著住址，原本是寄給半里外的鄰居。我拿去還給對方，他們也苦笑著說他們家也遇到一樣的

問題。整個社區人心惶惶,我們出城時還拜託鄰居小孩每天來院子巡視。誰知我們一回來,院子裡又散落著各種報紙,情況越來越囂張了,彷彿這裡成了「他」的地盤。我們決定一探究竟,天還未亮,全家動員,帶著望遠鏡和棍棒埋伏。

果然,送報員剛走不久,從後院的邊緣鑽出兩隻小動物。天色昏暗,一時看不清是什麼,但漸漸走近,終於看清楚了──竟然是兩隻小狐狸!其中一隻走到報紙旁叼起報紙往回跑,另一隻則興奮地跟在一旁。他們回到後院邊緣的大樹下,把報紙放下。我立刻拿著手電筒衝過去,果然,是當天的報紙。原來一切的「神秘事件」,都是這兩隻狐狸鬧出來的!

後來才知道,這正值春天求偶季節,這隻狐狸大概為了討好心儀的對象,特別喜歡新鮮報紙的氣味,每天在社區裡四處蒐羅報紙獻殷勤。虛驚一場之後,大家清理了院子邊緣狐狸可能築巢的地方,這場鬧劇才終於落幕。

這裡什麼動物都有,不只鹿、兔子、烏龜、狐狸、土撥鼠、松鼠,還有野生火雞,甚至還出現過熊。我最痛恨的就是土撥鼠了。牠們聰明極了,無所不用其極地挖洞、鑽進菜園,大快朵頤。咬過的蔬菜乾乾淨淨,連咬痕都整整齊齊,一看就知道是牠們幹的。防不勝防,只

能設陷阱抓牠們。但土撥鼠謹慎得很，會觀察好幾天，確定安全才下手。我查資料知道牠們最愛香瓜和生菜，就用這些當誘餌，每次抓到一隻都費盡心思。老美說，人人痛恨土撥鼠，法律規定不能放生到別處害人，他們乾脆用槍解決。我沒槍，只好把抓到的土撥鼠連籠子一起浸入水池，或者放在後院當成狐狸的晚餐。其實這時候我真希望狐狸多住在附近，這樣土撥鼠自然不敢來了。我跟一位越南朋友提起這事，他竟說土撥鼠非常好吃，是越南人很愛的野味呢！

我們還有幾隻松鼠朋友，尤其一隻特別聰明，幾乎每天都會來窗前找我們要豆子吃。不理牠，牠就會在窗前的樹上翻來滾去表演特技，直到我們投降。只要敲一下窗戶，牠立刻抬頭望向我們，一認出便飛奔過來。其他松鼠可沒有這樣的「交情」。我們給牠取名叫「阿松」，豆子一吃完，補貨時第一個想到的就是阿松，而不是自己。

阿松就像我們養在野外的小寵物，每天都會來看我們。我想，動物和人一樣，也有靈性，有緣自會相遇。如今，人類對地球的自私已經帶來即將難以逆轉的氣候變遷，如果我們再不覺醒，終將面對無法挽回的後果。

第十五章
學問,就是學怎麼問

研究才是我真正的志業

就在 2000 年,沒有什麼意外之下,我終於「媳婦熬成婆」成為正教授。正值美國 .com 時代泡沫化,經濟景氣低迷,已連續好幾年沒有加薪。通常升等都會有特別的調薪,系主任跟我說:「今年全系沒有人加薪,但每個系可以推薦一人加薪,你是今年系上評比第一,所以會有五千美元的調薪。」聽來實在像個笑話,因為平時升等正教授時,調薪幅度應該是很可觀的。其實我也無可抱怨,過去十年來,我每年調薪都在 10% 到 15% 之間,好幾次拿到頂級的 15%,所以我的薪資早已超過許多比我資深的正教授。這正是美國資本主義文化的體現,即便在學界,每個人都有自己的市場價值。為了留人,他們願意支付你應得的待遇。有些人甚至會拿他校的聘書來與學校談條件,

爭取更高的待遇。

其實，在 1990 年代末 .com 的高峰時期，已有許多人離開學界，因為當時學界的薪資遠低於工業界。我也深有體會。記得 1999 年，我一位博士生畢業後加入了貝爾實驗室，起薪竟然和我在學校已經當了十年教授的薪水差不多。因此，在 .com 泡沫後，美國學界大幅調整了教授薪資，雖然不一定能比工業界高，但也不再相差太多，這樣在徵才時才能和工業界一較高下。

當時正是 2000 年初，無線通信開始起飛，Qualcomm 的 CDMA 技術成為最熱門的話題，這正是 3G 無線通信的新國際標準。我有一位來自伊朗的博士生，1997 年畢業時，同時拿到了 Qualcomm 和貝爾實驗室的聘書。他最終選擇了貝爾實驗室，因為當時 Qualcomm 還只是個小公司。後來他告訴我，這個決定讓他馬上損失了兩百萬美元。這也標誌著未來二三十年無線通信時代的開端。3G 是第二代數位無線通信的開始，未來的 4G、5G、甚至 6G，都是從這裡演進而來。過去幾年，我已預見這樣的趨勢，也做出了重要貢獻。我的博士論文主攻利用 VLSI 運算天線陣列的演算法。那時系上新聘了一位做無線網路的老師，我們聯手將天線陣列技術引入無線通信，並證明這種方法能將用戶數增加一百倍。這項研究成為當時的重大里程

碑，也是日後無線通信廣泛採用天線陣列技術的開端。

學界的競爭極為激烈，因此千奇百怪的事情層出不窮。1994 年，我們提出一項全新理論：若電子晶片能在不同區域設定不同的電壓，透過我們的理論可以大幅節省能量。我專程向 DARPA 報告這項新發現，並申請經費進行實驗驗證。然而 DARPA 回應說：「理論很好，但晶片上不可能在不同區域設置不同電壓，所以不考慮資助。」一年後，柏克萊的團隊開發出一款晶片，能在不同區域設置不同電壓，並用來驗證一個簡單的電路。他們顯然不知道我們的論文，也沒有引用。儘管我們的理論適用於演算法層次，不僅侷限於電路層面，但後來大多數相關論文都只引用了柏克萊的研究，而他們的資助者正是當初說「不可能」的 DARPA。

還有幾次，我們和其他團隊幾乎同時完成研究，也幾乎同時投稿。我們本著君子之道，公平對待對方，給予正面評價，讓對方的論文順利發表。然而，另一個團隊卻明顯是審我們論文的評審，卻拒絕了我們的稿件。最終，我們的論文發表在另一個期刊，雖然也算順利刊登，但時間晚了一些，自然在引用次數上大大落後。這類惡性競爭在學界屢見不鮮，所以研究要領先群雄，就必須比別人早很多做出成果。

非洲有句諺語：「每天早晨，羚羊醒來時，知道必須跑得比最快的獅子還快，才能生存；獅子醒來時，也知道必須跑得比最慢的羚羊還快，才不會餓肚子。不論你是羚羊還是獅子，每天醒來，你知道你最好趕快跑起來。」這正是學術競爭的最佳寫照。

當時我正是系上新起之秀，許多重大事務都找我負責，包括招募新老師，以及組織信號處理和通訊領域約二十位教授，重新規劃並開設新課程，現代化教學內容。我所屬的系統研究所正在尋找新的所長，這是一個由國家科學基金會支持的大型跨領域研究中心，有五十多位教授，全美當時僅有五個這類研究所，各自專注於不同領域的研究方向。創所所長和幾位大佬私下多次來找我，希望我能接任這個重任。我也開始思考，是否該走上學術管理的道路。當時的院長正是我剛進馬大時的前輩，曾一同共事過。他當了系主任幾年後轉任院長。我問他：「為什麼不回來做研究？」他坦言：「這幾年進步太快，回來也跟不上了，做得不會比你們好。」後來，他又當了學務長，競選校長失利後便轉到他校擔任校長。

這時，暫代所長的同事來找我，大概是聽說了那些大佬來找我的消息。他也是我的前輩，過去辦公室就在我隔壁，我們常閒聊。後來我升等調換了大辦公室才搬開。

他說他想競選所長，希望我支持他。其實，他為人厚道，是個「好好先生」，但能力一般，這正是大佬們擔憂的地方。因為他是朋友，我便直接告訴他：「如果你想選所長，我就不會參與競爭。」其實那時，東岸到西岸，已有不下二十所大學來邀請我出任系主任或院長職位，但我早已決定不走學術管理這條路，這也與美國的學術文化大環境有關。

美國大學以學術研究為主，為了讓教授能說真話，經過試煉後會給予終身職。這既是一種榮耀，也意味著大教授難以管理。系所經費有限，又無人事任用權，事事都要向院長申請，學生事務繁雜瑣碎。在這種環境下，少有專心做研究的人願意涉足行政管理。我一直帶領著一個龐大的研究團隊，專注於前沿探索，擔心一旦投入管理工作，就無法再回頭做研究。而研究才是我真正的志業，如果想走管理路線，早就去工業界賺大錢了。

一個老師有多好，就看他成就多少學生

我很榮幸，許多來自世界各地的優秀學生加入了我的團隊，他們有的已小有成就，這是我學術生涯中最驕傲的事。他們大多來自世界頂尖大學，是各國最優秀的

年輕人。從我年輕時起,他們像是我的弟妹,到後來年紀漸長,他們更像是自己的孩子,我的研究團隊就像一個大家庭。

早期在我讀書和剛開始教書的 1980 到 1990 年代,大多數學生來自台灣和印度,最出名的學校是台大和印度理工學院(NTU 和 IIT),這是許多校友長期打下的名聲。但可惜的是,二三十年後,台灣學生人數漸少,「NTU」這個代號也已被新加坡南洋理工大學的「NTU」取代。

1990 年代中後期到 2000 年代初,來自伊朗的學生逐漸增多,最優秀的來自 Sherif 技術大學和德黑蘭大學。當時,中國大陸來的學生也開始增加,以清華、北大、科技大、復旦和上海、西安的交大為主,尤其清華的學生特別多。到了 2000 年代中期後,我的團隊來了不少埃及學生,主要來自開羅大學和亞歷山大大學。我曾經連續四年招收了亞歷山大大學每屆的第一名。然而到了 2010 年以後,大部分學生來自中國大陸,直到 2020 年前後,因地緣政治影響,大陸學生人數驟減。

在三十多年的教學生涯裡,我培養了七十位博士生和六位博士後,其中有三十人在世界各地擔任教授,博士後裔已有兩百多人。十年樹木,百年樹人。韓愈說:「師

者,所以傳道、授業、解惑也。」其中以傳道最難,因為那是做人做事的方法,不僅學生,老師也得用一生去琢磨。其實在傳道之上,我還認為老師要能創造出一個傳統和環境,來激勵學生一輩子去成就大志,英文裡有一個字「inspire」,很具體地描述這個「激發」的意思,一個老師有多好,就看他有多少傑出的學生、有多少學生成就卓越。我常跟他們說,學術之途是一條又漫長又孤寂的路,你不知道什麼時候你能做出什麼來,你也不知道哪一條研究方向一定走得通,並且比別人的好。簡單地說,你不知道你會不會能有重大的發現而功成名就,或者就這麼庸庸祿祿地過去。必須嚐試各個可能性,所以失敗是經常的事。即便研究成果做出來了,論文還可能被不理解的審稿人拒絕。很多學生曾在我的辦公室裡哭過。我常安慰他們:「勝敗乃兵家常事。這條漫長孤寂的路,只有堅持才能走到盡頭,才能看見一片屬於自己的天空。沒有韌性,是走不下去的。」

其實,學術和藝術本質上是相通的,都是理念的追求,只是呈現方式不同。學術在邏輯上,藝術則可能在形意、美術、音樂或舞蹈等方面表達。這是一種無形卻共通的情感語言,當走到極致,為了完美可以不惜一切。歐美的博士學位,無論科系,全都稱為 Doctor of Philosophy

（Ph.D.），直譯即為「哲學博士」。我們為什麼選擇走上學術之途？因為我們熱愛並且願意付出一生來追求真理，所以我們必須有一個崇高的理想，不然的話這條路走不遠也走不盡。

學術成就很難量化，因為最根本的指標是有多大的影響力，然而影響力本身卻是一個很抽象的概念。當然論文被引用次數是一個指標，有沒有顛覆性的新發現和發明來推翻以前的思維而創造出新的基礎理論？有沒有用在實際的產品造福上百萬的人們？有沒有拿到各種大小獎項？但最好的論文未必會有最多的引用次數，也不是人人都能拿到大獎或做出重大的發現。所以走學術的路，如果把塵世的功名利祿放在心上去追求，這條路不會走得快活。因此不要在意別人對你的看法，今天人家說你好，明天可能就是貶抑，那是虛浮的。只有我們踏踏實實所做的研究成果和貢獻才是真的，沒有任何人可以拿得掉。

說到這裡，我還有一個特別的故事。雖然我訓練了七十名博士，但還有一些沒能順利拿到博士學位的學生中，也有人創造了傳奇。有一天，一位冰島來的學生 JT 特地來見我，希望加入我的研究團隊攻讀博士。我從未收過冰島學生，見他上進有志氣，便答應了，也為他申請了獎學金。然而兩年過去，雖然 JT 成績不錯，但始終過不了博

士資格考試，只好打算拿了碩士學位去找工作。

與其他學生相比，JT 或許不適合走學術研究的路，但他有著極強的領袖魅力和親和力，組織能力出眾。我對他說：「別氣餒，你不一定適合做學術研究，但你非常適合成為工業界的領袖人物。我建議你去讀個 MBA，加上在我這裡學到的通訊背景，將來一定有機會大展拳腳。」但 MBA 學費昂貴，幾乎沒有獎學金，他也沒錢自費。當時，我所屬的研究所與商學院有合作關係，我便積極幫他爭取推薦，終於為他拿到了 MBA 入學許可和獎學金。

JT 後來順利取得 MBA 學位，加入了德國銀行紐約總行，一路晉升至總管電子資訊與通信媒體的常務部長。2020 年，T-Mobile 收購 Sprint，這是美國史上最大規模的電信併購案，相當於 380 億美元的交易，而 JT 正是此一歷史性併購案的負責人。事成之後，T-Mobile 對他大為賞識，邀請他擔任董事會的財務長。行行出狀元！我們很久未聯絡，有一天他跟我說，他正要離職加入 T-Mobile。正好 Apple 打算收購我的公司，我趁機問他能不能幫忙，我們可以付他一些諮詢費用。他卻說：「我很樂意幫忙，但是絕不收費。我之所以有今天，完全是當年您對我的幫助。」聽到這話，我內心充滿了莫大的安慰。看到學生有成就是老師最大的榮耀。

人生就是做學問

　　我的研究團隊成員來自各種族裔,每學期我都會帶他們去不同國家與地區的餐廳,品嘗各式風味料理。這不只是美食體驗,更重要的是讓學生理解,不同的文化能在各自的環境與資源條件下,發展出獨特的味道與風格。這和做學問其實是一回事。我們必須有高遠的視野與寬廣的胸襟,才能孕育出足夠大的格局與氣度,進而產生開創性的發明。

　　每年感恩節,我也會邀請學生來家裡吃飯。記得有一年,我特地將酒與非酒精飲料分開,豬肉料理也另置一邊,考慮到幾位伊朗學生的信仰。不料,他們自己卻往酒那邊去拿,我趕忙提醒那是酒,他們笑說:「沒關係。」沒多久又去夾火腿,我再度提醒那是豬肉,他們竟說:「沒關係,這裡是美國!」我也記得有一次,帶學生團隊去日本料理店吃壽司,一位埃及學生用叉子吃壽司,我就開玩笑說:「如果你不會用筷子吃壽司,就畢不了業!」我們之間總是有這樣愉快又包容的互動。

　　我鼓勵學生們放假時多出去走走,看看世界的廣闊。畢竟讀萬卷書,不如行萬里路。現在的世界早已扁平化,一個按鍵、一支手機,就能瀏覽世界的典籍資訊、與各地

朋友交流。年輕人不能只滿足於在生活圈裡求成就，應該放眼世界，培養國際視野與領袖氣質，這樣才能在競爭激烈的現代世界中開創一片天地。

我常對學生說：「人生就是做學問，你來我這裡就是學做學問，學怎麼問。你學會了就可以畢業了。」因為這是最難的事。華人祖先早就指出，一個人知識豐富，就是「學問好」；而「好學問」則是對人知識深厚的讚美。換句話說，知識即是學問。這句話蘊含極高的智慧──知識是透過學習「怎麼問」而來的。學，是動詞：「學著去問」。問對的問題、問好的問題、問出人們未曾想過的問題，就能創造新知。因此，「學問」正是知識的本源。

中國歷史上，知識最輝煌的時代，是諸子百家爭鳴的春秋戰國時期。那是一個百花齊放的黃金年代，有儒家、墨家、法家、道家等等，知識分子能自由思辨，提出前所未有的觀點，自立門戶、創立學派。幾乎所有重大思想，皆源於那個時代。

可惜的是，秦始皇統一天下後實行「書同文、車同軌」，更焚書坑儒，禁絕異見，最終獨尊儒術。儘管漢代士人尚有思考空間，但自隋唐開始的科舉制度，逐漸迫使讀書人接受單一思維模式。到了宋代之後，更是只能以朱熹的解釋詮釋四書五經，連作文也僅限於八股格式。從

此，做學問不再,知識分子失去獨立思考與創造能力,只能死讀書、讀死書,沉溺於古書與註解之中,跳不出這個窠臼。只有懷舊是不能創新的。

「學問」,學怎麼問,是創新的根本。這是我們祖先留下的智慧,也是我們永續發展與傳承的基本態度。

以前在台灣讀書時,深受儒家思想影響,總覺得愈古老的東西愈好,認為聖人只存在於堯、禹、舜、湯的年代,現代人不過是罪人,凡事都應向古人學習。甚至音樂也常播放 1960 至 1980 年代的老歌,總是懷舊成風。來到美國後才發現,西方文化有著完全不同的學問精神,是持續往前跑的。無論思想還是技術,西方人不斷追問「如何改進」「怎麼創新才能更好」,音樂流行也持續推陳出新,不僅有新歌,還不斷創造新的音樂類型。很少人一味沉湎於老歌。這種不斷向前的動力,正是西方文化能長期保持創新活力的根本原因。西方有句名言:「Change is the only constant.」改變是唯一不變的常數,這正道出了西方文化持續追求變革的特質。

這種全面的進化極其重要。當某項技術發展到一個階段後,必然會遇到瓶頸,只有當其他相關領域也獲得突破時,才可能帶動新的進步。科技的創新往往是螺旋式向上的,一個領域的突破,帶動另一個領域的進步;當所有相

關領域都發展起來，又會反過來促進原本領域的新突破。整個社會的每個環節都必須保持向前演進的動力，否則一個領域的突破無法帶動其他進步，很快就會陷入停滯。

歐美科技文化正是藉由科技演進來加速人類的進化。如果要依靠生物自身的演化來達到像鳥一樣飛翔、像馬一樣奔跑、像魚一樣游泳、用自身免疫力對抗疾病，那可能數百萬年都無法實現。於是人類發明了飛機、汽車、火車、大船來代替生物機能，也發展出醫學與生物科技來對抗疾病，這實際上是用快速的科技演進來取代緩慢的生物演進。西方社會的動力，正是這種以科學技術不斷促進人類演進的力量。

為什麼人類能夠做到這一點？因為我們擁有一個動物界中最強大也最消耗能量的大腦。這個大腦消耗的能量遠超其他器官，人類為了散熱成為少數沒有體毛的「裸猿」。我們的大腦擅長創造力，也就是無中生有的能力，還具備七情六慾、同理心、同情心、領導力以及用語言協同合作的能力。然而，這個大腦的計算與儲存能力卻極為有限，因此我們發明了電腦，進一步發展出人工智慧來補足大腦的不足。

對我來說，人工智慧不過是我一生從事的資訊與訊號處理、機器學習的延伸。深度學習帶來了巨大突破，但它

仍然只是人類工具的一種，是一項近乎顛覆性的「新工具」。這個工具帶來新的機遇，也帶來新的問題。它可以取代某些工作，但人類是能學習的，被機器取代的人，可以再接受訓練從事其他工作，創造更多只有人類才能帶來的價值。

比如說，建築師未來或許會轉變成「空間療癒師」，專注於空間與人之間的感受和關係，將設計交給人工智慧，而將心靈與情感體驗留給人類。這些強調服務品質、提升體驗的領域，仍需人與人之間的互動交流，這是人工智慧無法取代的。人類必須把人工智慧視為新工具、新助手，而不是威脅。人工智慧沒有人的情感與品味，也永遠不會超越人類，它只是人類智慧的延伸，用來補足我們大腦計算和儲存的不足。

談到演化論，這是所有生物繁衍生存的基本法則，人類也不例外。當今世界充滿戰爭與衝突，從人道主義觀點看，這固然殘酷，但從演化的角度看，這正是歷史不斷重演的必然過程。演化論的核心有兩個階段：一是隨機性（Randomness），二是選擇性（Selection）。在和平時期，各種思想、技術、物種百家爭鳴、百花齊放；而當災難、戰爭、環境劇變來臨時，就是嚴苛的選擇過程，只有最適應、最強者才能生存下來，把基因傳承下去。

歷史上的戰爭與衝突，無不體現這種適者生存的法則。當西方列強侵略晚清時，中華民族正處於存亡絕續之秋，這正是演化選擇的結果。有位日本朋友問我：「日本經過無數爭戰，但天皇依然萬世一系，為何中國的改朝換代總是大起大落？」我解釋說：「日本地方狹小，小能量就足以改變，不至於傾家蕩產；而中國地大物博，變革需累積龐大能量才能撼動這片土地。因此，中國每一次改朝換代，必然伴隨巨大動盪，當然無法萬世一系。」這一切，其實都逃不出演化論的宿命。

然而，無論人類如何演化，我們只有一個地球，必須與大自然和諧共存。人類的無限擴張已經嚴重破壞了自然平衡，氣候變遷的危機正一步步迫近。我衷心希望，這不會成為人類最終的宿命。我們不應自詡為萬物之靈，所有的生物都有靈性。而應心懷謙卑，明白我們只是浩瀚宇宙中的一粒微塵。

第十六章
資訊革命：AI與通訊世代的演化

打從我進入大學到現在四十餘年，從扮演尖兵的角色，見證了資訊領域與產業的演進與革命性變化。這當中的努力、掙扎、失敗、突破與勝利，縷縷訴說著全球一群資訊科研人員，為了堅信的理想和更美好的世界，所做出的貢獻史。

從晶片到無線，革命的開端

1980 年代，半導體技術已從實現電晶體電子元件和電路，演變到可以實現超大型積體電路（VLSI），系統級設計也已能整合至晶片上。當時個人電腦革命才剛剛開始。微軟的 Windows 和 Intel 的 CPU 正開始主導市場，新成立的 Apple 也推出了 Macintosh，加速了這場革命。未來的二三十年裡，這三家公司成為全球最具影響力的跨國

第十六章　資訊革命：AI與通訊世代的演化

企業。然而,那時 CPU 的運算速度實在太慢,所以當時科研的主要課題是發展快速演算法和並行處理技術,以便能有效實現 VLSI 晶片設計。這正是我攻讀博士期間的主要研究方向。

當時,另一個重要的研究課題——神經網路,也重新受到關注。為什麼說是「重新」呢?因為早在 1960 至 1970 年代,神經網路曾經是熱門的科研議題,並與專家系統(expert systems)爭奪人工智慧領域的主流地位。然而,神經網路最終敗下陣來,一位人工智慧的大師甚至公開宣布「神經網路已死」,從此專家系統成為人工智慧的主流。其主要原因在於,早期的神經網路所能實現的邏輯非常有限,無法處理較為複雜的演算法。直到 1980 年代初期,神經網路才迎來重大突破,能夠以電路實現 XOR 邏輯,同時 Hopfield 提出的 Hopfield 網路,以及反向傳播演算法(back propagation),為神經網路注入了新的活力,使其能處理三層網路的學習問題,解決了早期無法突破的瓶頸。此時的神經網路雖已能與專家系統匹敵,在某些應用場景甚至略有優勢,但受限於只能處理三層結構,無法突破多層網路的瓶頸,更遑論深層學習,其功能依然有限,尚不足以取代其他成熟的演算法。

那時,其他主流的演算法是什麼呢?主要還是訊號處

理與機器學習的發展。1970 年代以前,主要以類比訊號處理為主(analog processing),其精度和複雜度皆有限。直到 1970 至 1980 年代,數位訊號處理逐漸取而代之。其中最具代表性的貢獻,便是快速傅立葉變換(FFT)演算法。這項幾乎無所不在的基礎演算法,將原本二次方的計算複雜度大幅降低到近似一次方,極大提升了數位運算的可行性。除了計算技術的革命,統計學與機率論的概念也逐漸引入通訊與資訊處理領域,成為新的主流方法。有了統計工具,複雜的估測、檢測和預測理論得以全面發展,進而推動統計通訊、統計資訊處理及統計機器學習理論的誕生。在深度學習尚未問世之前,這些基礎理論和演算法長期主導著各個應用領域。

在這樣的基礎之上,無線通信技術開始快速發展。最早的第一代無線通信(1G)是在 1980 年代初期開發的模擬系統,一支手機比磚頭還大,價格昂貴,只有「大哥」級人物用得起,也因此被戲稱為「大哥大」。當時的系統沒有數位功能,基本上只能用來通話。

大約十年後,第二代無線通信(2G)於 1990 年代初開始營運,主要採用最傳統的通訊技術——時分多址(time-division multiple access, TDMA)來支援多用戶使用。這種技術把一個通訊時段分割成很多份,分配給不同的

用戶使用,每個用戶只會使用自己分配到的時份,這個系統簡單且不複雜。由於採用了數位傳輸,語音品質大幅提升,也開始能傳送簡訊。當時的代表公司是芬蘭的 Nokia,歐洲其他公司如瑞典的 Ericsson 也是全球主要的手機製造商。因為當時有多個 2G 標準,美國的標準表現平平,反而是歐洲的 GSM 標準最具優勢,迅速普及全球,帶動了歐洲電信業的繁榮。Nokia 在巔峰時期幾乎成為芬蘭的代名詞,為國家 GDP 做出了巨大貢獻。可惜的是,Nokia 後來因錯誤的決策,錯失了 4G 市場的先機。當時 2G 的頻寬只有 30 至 200 kHz,以今日標準來看,實在是小得可憐。但即便如此,當年的 Nokia 手機仍風靡全球,掀起了一波手機普及潮,替大眾生活帶來了極大的便利性,也為無線通信後續幾代的發展奠定了良好的基礎。

很快地,人們發現,如果繼續用時間分割的方式分配用戶,很快就會因時間資源有限而無法滿足需求,加上當時頻寬非常有限,2G 的 TDMA 技術很快便遇到瓶頸。約十年後,到了 2000 年初,第三代無線通信(3G)成為主流。3G 採用了碼分多址(code-division multiple access, CDMA)技術,其基本概念是為每個用戶分配一組獨特的編碼,以此來區分各用戶。可以想像,每個用戶都被放置在一個超高維度的編碼空間裡,只要用戶之間的編碼不會

混淆，就可以同時容納無數的使用者。

那麼，這種編碼從何而來呢？其實，早在此之前，一家小型通訊公司已經開發出利用編碼來「打散」用戶訊號的技術，使得即使有大量訊息傳輸，也因訊號能量被分散在整個頻譜上，無法被輕易偵測或截取。這種技術原本主要用於軍事通訊，防止敵人偵測或竊聽。然而，這項技術後來正好成為實現 CDMA 的關鍵，而這家公司，就是後來鼎鼎大名的 Qualcomm。隨著 3G 時代的來臨，Qualcomm 從一間專注軍事通訊的小公司，一躍成為全球通信技術的領頭羊。3G 的頻寬大約是 2G 的十倍，不僅提升了傳輸速度，也帶來了移動互聯網的功能，使用者開始能進行 IP 語音通話、視訊通訊，甚至串流媒體。

隨著用戶需求不斷提升，第四代無線通信（4G）也應運而生，大約在 2010 年前後全球陸續展開。4G 採用的 LTE 系統，成功實現了當時用戶最期待的應用需求，不僅通訊速度大幅提升，也真正開啟了移動互聯網的時代。4G 的頻寬比 3G 又提高了十倍，來到 20 MHz 的等級，雖然大多數實際使用頻寬只有 5 到 10 MHz，但已經足以稱作寬頻，相較於 2G 提升了百倍之多。

為了容納更多用戶，必須找到比 CDMA 更有效的技術。Qualcomm 曾極力爭取讓 CDMA 成為 4G 主流技

術，但最後卻敗給了一家新創公司 Flarion 所提出的正交頻分多址（Orthogonal Frequency Division Multiple Access, OFDMA）。Flarion 是一群從 AT&T 貝爾實驗室出來的年輕工程師創立的公司，其中還有我的學生。最終，Qualcomm 不得不將 Flarion 收購，才能保住其在 4G 時代的領導地位。

OFDMA 的概念其實與 TDMA 一樣直觀：既然頻寬變大了，就將整個頻寬切割成無數個正交的子頻道。技術重點在於這些子頻道彼此正交，因此互不干擾，有效解決了無線通信中最棘手的問題。為了進一步提高用戶容量，多天線技術也被廣泛應用。從物理直觀來看，多天線可以形成波束，將用戶從空間上區隔開來；從數學上來說，時空編碼的引入更是大幅提升了無線傳輸的效率。

話說天線在無線通信中的應用，之前我已有略作提及。早在 1997 年，我和學生便提出天線傳輸上行與下行鏈結對偶性的重要概念，應用於聯合發射陣列與功率控制上，證明這種跨層設計能將網路中的用戶數量提升一百倍。這是首項透過天線陣列顯著提高用戶數量的理論研究成果，激發了長達數十年的多輸入多輸出（MIMO）無線網路資源配置與跨層控制研究與標準制定，深刻影響了幾乎所有現今與未來的多天線無線通訊系統設計。如今，天

線陣列應用於無線通信的跨層設計，已成為多數無線規格的標準做法。

另一項天線陣列的重大突破是「空時碼」（Space-Time Code）。我在這裡扮演的角色不是發明者，而是負責審稿的編輯。回到 1997 年，我擔任 IEEE 期刊特刊的審稿編輯，負責審閱來自 AT&T 西雅圖實驗室的一篇論文。作者用簡單的正交基在二維上設計出空時編碼，但這個再平凡不過的空時碼卻能證明達到全分集和全速率。當我決定接受這篇論文時，意外收到退信，原來作者已被 AT&T 裁員。這位作者就是後來因這篇論文成名的 Alamouti。多年後，他在一場頒獎典禮上，我將當年的退信原件交還給他，他風趣地說：「若不是當年您接受了我的論文，就不會有今天的我。」其實當初我對是否要接受這篇論文仍相當猶豫，因為內容實在過於簡單平常，分析推演也不夠深入，畢竟 Alamouti 只有碩士背景。然而，論文所呈現的成果卻是在當時無人能達成的。後來證明，正因為這篇論文人人都能看懂，引用次數反而特別高。

在那之後，大約在 2000 年左右，AT&T 貝爾實驗室的一群研究員——多數也與 Alamouti 一樣是伊朗裔——發表了完整的窄帶空時碼，令研究界為之振奮。各式各樣的空時碼隨之陸續被提出，成為當時最熱門的研究課題。

第十六章　資訊革命：AI與通訊世代的演化

同時，大家也進行了許多嘗試，期望進一步在寬頻無線通訊系統中尋找可用的最大分集，特別是全分集空頻碼，甚至更完整的全分集空時頻碼。

許多人從 1998 年起便投入這些研究，但經過五年，始終沒有重大進展，瓶頸在於數學的複雜度過高，難以處理。甚至有幾位極具影響力的學者發表論文指出，這件事恐怕無法實現。這個困境一直無法突破，直到 2003 年，我的團隊首次證明，對於具有任意通道功率延遲分布的情況，其最大可實現分集階數是由延遲路徑數量、通道時間相關矩陣的秩，以及發射與接收天線數量的乘積。這項數學成果既簡潔優美，又富有物理意義，實現了當時被認為不可能達成的重大突破——畢竟已有五年毫無進展。

我的團隊也因此開發出世界上第一個全分集、全速率的空頻碼，亦是唯一可用的系統級空時頻碼，能夠充分運用所有資源，在空間、時間與頻率三個維度上達成寬頻無線通訊的最大分集。這項成就完全歸功於偉豐——我當時的博士後研究員。他來美國攻讀電機博士之前，曾榮獲中國奧林匹克數學金牌，被保送進南開大學的數學奧林匹克班，並取得數學博士學位。若非他的數學底子，這個難題無法解決。

這項工作為理解多輸入多輸出（MIMO）寬頻 OFDM

系統的全分集奠定了開創性的第一步，而此類系統已廣泛應用於 WiMAX 以及 4G/5G 蜂巢式系統等現代無線通訊標準中。

數據驅動的 AI 新時代

在這裡，讓我們先回過頭來了解科研的基礎方法與工具。在深度學習尚未問世之前，數位統計處理方法，也就是眾所皆知的「模式方法」，幾乎被應用於所有領域，且取得了重大成果，而非依賴神經網路。我們在數位統計處理方法下，對於線性系統與資訊處理擁有完備的理論基礎，大學與研究所的課程也幾乎都以教授線性系統的描述與應用為主。我們可以清楚描述系統行為模式，了解哪些做得到、哪些做不到，為什麼可以或不可以，甚至能預見其理論極限。然而，這裡存在一個根本性的致命傷，那就是對於非線性系統的認知仍然非常有限。

為什麼會這樣呢？因為我們手中的數位統計方法無法完整描述非線性行為，更遑論設計、解釋或預測非線性系統。因此，過去對問題的認知與處理，大多都是先將問題線性化，再以此基礎解決。然而現實問題幾乎都是非線性的，將其線性化無非是對問題做一次方的簡化逼近，其效

果與成效自然有限。當然，有人會辯稱可以加入非線性方程進行非線性學習，但整個思考模式仍停留在線性化之後的範疇裡做文章，基本上成效還是在線性範疇裡增補，終究無濟於事。

除了理論派，另一股「大數據派」逐漸崛起。他們認識到上述問題的核心，主張以數據為導向，認為一切真相皆隱含在數據中。只要擁有足夠且涵蓋所有場景的大數據，透過機器學習便能解決問題，無需理論與模型分析。他們也的確拿出了許多應用案例來證明，只要數據夠大，就能取得連理論派都無法達成的成果。這也不意外，因為大數據派避免了理論派簡化假設的侷限，直接從真實數據中學習。然而，大數據派也有根本性的問題，就是無法解釋「為什麼做得到」，更無法說明「為什麼做不到」與「能做到的極限在哪裡」。最終，大數據派的成就也停滯在機器學習的能力瓶頸上，直到深度學習的出現，這一切才迎來突破。

與其說深度學習是「發明」，不如說是一種「發現」。Hinton 等人在 2000 年代中期發表了深度學習的研究成果，為神經網路帶來了第三次重大突破，也奠定了今天人工智慧的基礎。Hinton 與 Hopfield 因此同時獲得了 2025 年的諾貝爾物理獎。

其實，在 1980 年代神經網路第二次復興後，雖然已不再如當年熱烈，但仍有一群死忠學者默默耕耘。直到大約 2006 年，Hinton 等人發表了他極具行銷天賦的「深度學習」研究，極大提升了神經網路的學習能力，不僅讓神經網路第三度復興，甚至一舉取代了其他機器學習方法，獨霸一方。

為什麼說是「發現」呢？因為深度學習一直是過去二十年的難題，沒有好的方法處理多層網路中龐大參數的選擇與微調。即便在 Hinton 剛提出深度學習時，選擇與調整參數的方式大多憑經驗法則，缺乏理論依據。然而，一夜之間，深度學習爆發為最熱門的研究領域，相關國際會議從過去的幾千人，暴增至萬人以上。論文發表數量也如井噴般激增。隨之而來，各種新穎的學習方法如雨後春筍般出現，包括 GAN 生成對抗網路、Encoder 編碼器學習、Transformer 轉換器、師生學習（Knowledge Distillation，又稱「知識蒸餾」）、跨模型學習等，為 AI 研究注入了源源不絕的新能量。

隨著這些優越的學習能力和方法不斷問世，搭配傳統的機器學習與訊號處理技術，人工智慧帶來的第四次工業革命正式展開。不同於第一次工業革命以重工業為主，這場革命是一場「無煙」的資訊革命。

第十六章 資訊革命：AI與通訊世代的演化

這時，大數據派開始明顯占上風。深度學習帶來的強大學習能力，不僅突破了過去無法逾越的瓶頸，許多過去做不到的事也迎刃而解。從語音識別、影像處理到電腦視覺，各類應用的準確率大幅提升，有些從原本的 60%-70% 躍升到 98%-99%，這樣驚人的進步比比皆是，連研究人員都感到震驚。於是，「數據至上」成為新時代的信條。

問題來了，如何處理如此龐大的數據？又該在哪裡處理這些包含上兆參數的超大模型？正好，過去用於電腦遊戲的 GPU，成為了理想的計算平台。GPU 擅長快速進行矩陣張量運算，這正是神經網路需要的大量基礎運算。每一家大公司都有自己的大型語言模型（LLM），除了數據，另一個瓶頸就是 GPU 了。這些有著上兆參數的超大型模型，當然只能在大型資料中心和雲端平台上運行。

而 GPU 正是一家以前專門做電腦遊戲顯示卡起家的公司——NVIDIA 的看家本領。短短幾年，這家曾經市值遠小於 Intel 的公司，一躍成為全球市值最高的企業之一。對無數競爭激烈的 AI 公司來說，NVIDIA 是唯一且不可或缺的硬體供應商。沒人知道這數百上千家 AI 公司中，最後能有多少真正獲利並存活下來，但 NVIDIA 作為「軍火供應商」，似乎注定是這場競爭中的大贏家。

很巧的是，NVIDIA 創辦人黃仁勳和我同年在 2024 年評

上美國工程學院院士,我一到在美國國家天主教堂舉行的晚宴,第一個碰到的就是他和他的夫人。我們開聊了過去都從台灣來美的經歷,也談到我當時的新創公司做的無線感知技術。也許我應該問他買伺服器,現在買都買不到。

當然,今天的 AI 仍是建立在過去所有研究基礎之上。雖然深度學習帶來了革命性的突破,但並不是憑空出現或從石頭中蹦出來的。我們過去的研究領域有各種名稱,現在統統被統稱為 AI。真正的不同在於,深度學習的出現讓 AI 能夠直接解決現實且具體的問題。從 ChatGPT 的問答生成,到自駕車、仿真人機器人,以及早已商業化的語音與人臉識別、電腦視覺等,都是真實應用的體現。

不像以前做研究,必須先將問題簡化為可解的模型,並假設種種前提,再用複雜的數學推導求解。本質上,那些過程不過是在用一次方線性逼近真實問題,即使得出答案,也僅僅是針對簡化問題的解,而不是完整的真實解答。所以,以前的論文動輒數頁密密麻麻的方程式,推導過程精彩絕倫,但最終實際應用效果有限。

而現在的論文則大不相同,更偏向經驗法則和實證效果。通常一個系統或應用由多個學習模組組成,每個模組採用不同的學習工具和方法,看到的方程式反而不多。論文好壞的標準,也不再是數學推導有多漂亮,而是最終結

果的真實性和優越性。

這種實事求是的態度本是正面的，但也帶來新的教育問題。許多學生還未真正理解問題本質，就從別的論文裡抄來一些方法，胡亂組合出一個系統，然後用大數據去訓練模型，只要結果好就大言不慚地宣稱取得了偉大的研究成果。然而，他們往往無法解釋為什麼這樣做最好，甚至不知道自己到底做了什麼。這種「只知其然，不知其所以然」的現象，比比皆是。這在以前，是難以想像的。

加上學校拿不到真實數據，更遑論大數據，學術研究經常被困在玩具等級的問題上。重要的數據幾乎都掌握在大企業手中。從 2000 年代中期開始，學術界在 AI 和深度學習領域的影響力逐漸式微。近年來的重大突破，大多來自少數幾家資金雄厚的大企業，因為只有他們有能力建立超大型資料中心、超級 GPU 伺服器和雲端平台，也只有他們擁有無人能及的大數據，得以訓練上兆參數的超大型深度學習模型。這樣的發展究竟是福是禍，我們拭目以待。

近年最受矚目的例子莫過於 ChatGPT。因為它對大眾開放，讓世人親身感受到 AI 的強大與潛力。生成式 AI 基本要先有，然後去找去兜，之後優化打分，再提教最佳答案。先有就是得有一個龐大的資料庫，從各個圖書館書籍、所有報紙典藏到全世界所有的網站去「爬行」，來建

立起無法想像大的數據庫。去找就是去找到各種可能的答案，然後把可能的組合兜在一起，這件事的複雜度也是指數等級增長的。這整個過程涉及的運算與學習參數量可達上兆，而且仍在不斷成長。這種前所未有的規模和效果，如果不是一場無聲無煙的資訊革命，那什麼才算呢？

有趣的是，ChatGPT 剛問世時，最大的一群用戶竟然是全球的年輕學生。他們用來寫作業、做報告、甚至寫程式，還能幫忙寫情書。這位「神助手」的能力遠超學生水準，很快各大學開始禁止使用，但效果有限，防不勝防。後來學校也逐漸意識到，這其實是新的教學與研究工具，應該正面面對。許多大學開始允許師生使用 ChatGPT，但必須清楚標註引用來源。

不只是學校，工業界也鬧過笑話。據說三星有工程師做不出程式，就把未完成的程式碼丟進 ChatGPT 裡求助，結果公司機密直接被送進了 ChatGPT 的資料庫。若有心人士加以利用，說不定哪天這些資料會反過來成為三星競爭對手的利器。因此切記，當我們使用它時，不僅提供了資訊，同時也通過我們的反饋來增進 ChatGPT 的學習。所以必須謹慎使用任何機密的文件資料，不然的話，後果將會是向全世界公開這個祕密了。

我個人認為，生成式 AI 在生物化學和醫學製藥上的

應用，未來的影響力將遠超現在在資訊領域的表現。為什麼？因為這些領域一直受限於生物過程的時間瓶頸。例如疫苗開發過程中，過去得從雞蛋蛋白質中萃取，再經過數週培養菌種；而新藥的研發，常需數年才能完成。

生成式 AI 可以透過數位模擬和學習，篩選出成千上萬種可能性，把原本需要數年的過程，縮短到幾天完成。癌症病人的病情，也可以用 AI 預測可能的惡化路徑，進行預防性治療，而不再是病情發展到一定階段才被動應對。一場生化醫療的 AI 革命正悄然展開，而這場革命，很可能就是下一波工業革命——生命科學革命，最終的目標是「人類的長生不老」。

新的發明不僅開啟了新的文明，也改變了人類的生活方式。這一切的變化，正如我們親眼見證的一樣，已悄然而至。

5G 時代的技術躍進與挑戰

再回到無線通信的發展。我們之前看到，從第一代到 2G、3G、4G，幾乎每隔十年便有一個新的世代，同時頻寬也大約以十倍的速度成長。我們也可以推估，傳輸速度大約是每一代比前一代提升十倍。因此，沒有意外地，在

4G 開展約十年之後的 2020 年前後，5G 也如火如荼地展開了。頻寬也如預期提升了十倍，來到 100 至 200 MHz，並加入了毫米波頻段，使得視距傳輸的性能更上層樓。和 4G 一樣，面對如此大的頻寬，如果單以傳輸速度為考量，OFDM 依然是最佳的選擇。粗略一算，5G 的傳輸速度和功能大約是三十年前第一代無線通信的萬倍。除了速度之外，5G 究竟帶來了什麼前所未有的功能呢？其實，在開發 5G 時，許多人寄予厚望，希望能跳脫前四代的演進模式，帶來嶄新的面貌和體驗。

舉例來說，我在 2012 年提出了「時間反轉分多址」（Time-Reversal Division Multiple Access, TRDMA）的論文，利用 5G 的大頻寬，透過觀測豐富的電波多路徑來區分用戶。關於「時反」的故事，我會在後面章節談到無線感知時詳細說明，這裡先簡單介紹其功能。當頻寬達到 100 MHz 時，我們能觀察到豐富的多路徑反射，這是以前無法做到的。因為無線電波頻寬夠寬，時域解析度自然提高。簡單來說，若一個發射端發出脈衝訊號，電波會因反射和折射而產生多路徑，接收端會收到來自各個角落的反射訊號。根據時反物理理論，接收端可以將這些多路徑訊號按到達的逆序發回，最晚到的先送回，最早到的最後送出。這些訊號會同時到達發射端且相位一致，有加成性，產生

第十六章 資訊革命：AI與通訊世代的演化

能量聚焦的效果。透過這個時反過程，無線傳播中的失真能被這個物理現象完全補償，這是用數位演算法無法做到的。我深深被這種美麗的物理現象所吸引，並思考如何將其應用於日常生活。當時，第五代無線通訊（5G）的概念正逐漸成形，我立刻意識到時反技術的重要應用潛力。

5G 的大頻寬能夠觀察到豐富的多路徑，使時反技術得以發揮，在人群密集的場所，時反的聚焦效果反而能有效區分人群，因此能支援更多用戶。TRDMA 不僅能支援更多用戶，還能用於定位和無線感知。後續章節中我會再詳細介紹。

同時期提出的還有「大規模多輸入多輸出」（Massive MIMO）技術。其理論基礎簡單來說就是：當無窮多的天線一起運作時，能夠形成類似雷射光束般的極限波束聚焦，並將用戶有效區分開來。其實，Massive MIMO 和 TRDMA 異曲同工，前者適用於開闊視距的環境，後者則適合室內無視距、且多路徑豐富的環境。我後來也從理論上證明，這兩種技術本質上是一體兩面，除了傳輸用途外，也能應用於定位。

此外，還有毫米波技術的應用。大約在 2010 年中後期，這些技術被炒得沸沸揚揚。然而，當 5G 實際開展後，看到的卻只是速度提升，雷聲大、雨點小，讓人略感

失望。不過，與 4G 相比，5G 新增了邊緣運算和物聯網連接功能，這將帶來長遠的影響。因為未來會提到的無線感知及其無數應用，將以物聯網和邊緣運算為基礎。無線感知基本上已是 5G 所能支持的未來技術，只是當初 5G 發展時，AI 與感知技術的熱潮尚未席捲通訊界。也許，真正的突破，我們要期待下一個世代了。

當 5G 蓬勃發展的同時，一場地緣政治的風暴也悄然醞釀，那就是中國的崛起。在 4G LTE 時代，中國便試圖建立國內自有標準，雖成效有限，但所繳的「學費」成為 5G 浪潮中最好的投資。中國的通訊大廠在 5G 時代扮演了關鍵角色，以價格和性價比向歐美大廠施加了前所未有的壓力。加上地緣政治所引發的複雜因素，不僅通訊產業，連帶 AI 和半導體產業也受到波及。全球高新科技發展及其供應鏈，開始逐步走向分化，如同回到了二戰後的冷戰時期。這種局勢，對全球科學技術的發展將帶來深遠且負面的影響。

6G 願景，感知世界的新起點

現在來談談物聯網。這個名詞大約在 2000 年左右被正式提出，意指將具有感測器、處理能力、軟體和其他技

第十六章　資訊革命：AI與通訊世代的演化

術的設備，透過互聯網或其他通訊網路連接，並進行數據交換。簡單來說，就是把短距離收發器嵌入各種小工具和日常用品中，實現人與物、物與物之間的新型態通訊。過去二十多年來，物聯網的概念早已悄然融入我們的生活。現在，像電視、Alexa、Google Home、冷暖氣機、燈泡、咖啡機、電爐烤箱、煙霧偵測器等電子產品，許多都能透過藍牙或 Wi-Fi 遠端控制，甚至連門鎖和安全攝影機也都能做到這一點。

但為什麼市場上普遍認為，物聯網至今仍未帶來可觀的商業利益呢？根本原因在於，多數使用者認為這些電子產品升級為可連網的功能是理所當然的技術進步，自然不願意為此額外付費。甚至到現在，不同品牌的設備之間仍無法有效互通，無法真正構建起一個完整的物聯網環境。各類設備各自為政，缺乏整合，自然也無法形成具有強大吸引力的「殺手級」應用，讓消費者心甘情願為其買單。

我個人的看法是，這麼多的「物」確實可以整合起來實現各種應用，但不應只從廠商自我本位的角度來思考。他們往往只想把自家的產品變成一個「物」，卻忽略了單一的物始終只是物，無法構成真正的「網」。因此應該反向思考：既然家中已經存在這麼多不同的設備，該如何把它們串聯起來，創造真正有價值的應用。如今，許多大廠

也開始支持新的通用標準,使這些「物」能夠相互連接,真正實現物聯網,而不僅僅停留在概念層面。其實,AI 將為物聯網帶來顛覆性的發展機會。

以我的無線感知新創公司為例,許多全球一流的電器大廠都在與我們合作。燈泡能與 Alexa 或 Google Home 協同工作,提供家庭安全和長者照護服務;電視想知道有幾個人在觀看,以及誰在觀看,以實現個人化廣告行銷;冷暖氣機希望能偵測家中是否有人、有多少人、分布在哪裡,而不是僅僅偵測到貓狗活動,從而自動調節不同空間的溫度;廚房電器則希望能學習家人的生活作息,自動準備咖啡或開啟烹飪設備。這些「物」一旦整合起來,將能帶來前所未有的智慧家庭體驗。幾乎每個產業的大廠都對這種由無線感知帶來的無限商機表現出極大興趣。

如果說過去五代無線通信的發展史是一場場的技術革命,那麼依照每十年一代、代代頻寬提升十倍的趨勢推算,2030 年左右便會迎來 6G 時代。每個國際會議上都熱烈討論著 6G 的未來,有人也問我,從學術研究和業界創新的角度,我對 6G 有什麼看法?我並沒有水晶球,但可以談談我的期望。

首先,我們真的還需要更快的傳輸速度嗎?5G 已經提供 100 至 200 MHz 的頻寬,移動傳輸速度達 10 Gbps,

這已經比多數人家中的 Wi-Fi 還快了。若再提升十倍，頻寬將達到 1000 至 2000 MHz，然而微波頻段已經極度擁擠，只能往毫米波甚至太赫茲頻段（300 GHz 以上）發展。但這些高頻率的電波極易被遮蔽，不易穿牆，連汽車玻璃都難以穿透，只能用於開闊視距的場景，而且傳輸距離短，可能每隔十至二十公尺就需要設立一個接入點。這樣的布建成本極高，也是毫米波在 5G 中未能廣泛應用的主要原因之一。近年來，有人提出利用折射板來降低布建成本，但我個人認為這種方法治標不治本，效果有限。

我的看法是，無線通信最主要的重點在於「移動」，當我們在移動的時候，我們要求的是持續無縫連接，因此並不需要無限快的傳輸速度。當速度已經足夠快，用戶更在意的是服務的品質和性價比。就像當年噴射客機普及後，航空公司競爭的不再是誰飛得更快，而是誰的服務更好、更安全。毫米波和太赫茲頻段的廣泛布建不太可能，僅會在特定場景下使用。

前面提到，在 5G 發展初期，深度學習的影響僅限於語音和影像領域，尚未滲透到傳統通訊技術。然而這幾年來，深度學習已證實能大幅提升傳統編碼、頻道均衡、網絡資源分配等技術的效率。換句話說，5G 及其之前的微波頻段技術，仍有進一步提升的空間。前文提到的時反多

分址技術，就是很好的選擇，不僅能容納大量用戶，也具備定位功能。當頻寬大到一定程度，編碼效率已不再是唯一的技術指標。

說到定位，6G 最大的潛力應該來自 AI 所帶來的各種嶄新服務。不是我偏頗，無線感知和定位將成為 6G 的最大賣點，因為它帶來了除了通信之外的「殺手級」應用，利用電波感知周遭環境與活動，真正提升生活品質。未來，「無線」不再只意味著通訊，而是包含感知功能。無線通信經歷了五十年的演進，從 5G 邁向 6G，而無線感知正處於起步階段，擁有未來數十年的發展潛力。

目前最熱門的集成感知與通訊（Integrated Sensing and Communication, ISAC）正是這一發展方向的代表。簡單來說，毫米波既是優秀的雷達波段，如今也被納入 5G/6G 的通訊頻段。因此，學界與業界開始思考，當使用這些頻段進行通訊時，能否同時實現雷達探測功能。這確實可行，雖然通訊與雷達各自的最佳波形不同，但這正是一個極具研究價值的課題。未來，用戶所追求的不再僅僅是速度，而是新的殺手級應用與 AI 帶來的優質服務。

事實上，我的新創公司早在 2019 年便與知名 Wi-Fi 品牌大廠 Linksys 合作，推出了全球第一個 ISAC 產品。我們將 Wi-Fi 電波傳輸結合通訊與感知功能，讓 Linksys 的

第十六章　資訊革命：AI與通訊世代的演化

路由器不僅提供 Wi-Fi 通訊服務，還能實現家庭安全與照護功能。透過簡單的軟體更新，全球 150 個國家的客戶手中的路由器，一夜之間升級為集成感知與通訊的新裝置，為廠商帶來了新的商機。

與傳統無線網絡不同，運用 AI 的認知無線是一種智能無線通訊系統，能夠感知周圍環境，並根據環境與使用者互動，自適應地調整運作參數。未來的無線設備將透過認知無線技術感知並分析周圍環境和用戶需求，從環境變化中學習，調整操作參數，以實現高可靠性的通訊與頻譜資源的高效利用。

早在 2000 年，我的團隊便開始運用博弈論設計認知無線電中動態頻譜存取、分配、共享、感測、安全和抗干擾的最佳解決方案。現在，結合成熟的 AI 技術，透過共同學習與決策的新框架，我們可以實現真正的認知智慧與使用者互動，讓 6G 及未來的無線網路成為真正的智能認知網路。

更早在 2000 年初期，當「協作通訊」的概念首次提出時，我便預見其影響將遠超物理層，並帶領團隊在協作通訊領域做出不少貢獻。未來，通訊在物聯網中的應用，將透過各種設備之間的協作，建立起全新的通訊模式，不僅提升性能、擴大傳輸覆蓋範圍，提高能源效率與網絡壽

命,更能大幅提升通訊吞吐量與穩定性。

知識的力量,未來的可能

現在,讓我們再拿出水晶球,談談 AI 與未來 6G 的融合。許多人說,AI 的爆發將帶來一個全新的虛擬世界。機器人、自駕車,甚至自駕飛機將逐漸取代一切。我們每個人都會有一個「數位孿生」存在於雲端,透過自人類誕生以來不斷持續的學習,這個數位孿生在思考和行為模式上,幾乎成為真人的翻版。雲端上的虛擬世界,將成為所有數位孿生「生活」的空間,他們彼此工作、交流,甚至建立友誼,安排日程、回覆電子郵件,無所不能,且不需吃喝睡覺。

那麼,真人還需要做些什麼?或許,當真的到了那一天,人類便能生活在現實的「極樂世界」,過著童話般幸福快樂的日子。但這樣的數位孿生,如何能夠持續不間斷地與真人同步學習與交流呢?關鍵就在於未來大頻寬、永續且無縫連接的移動通訊。或許 6G 可以實現,也可能要等更遠的未來世代才能達成。到那時,我們的思想、觀點、行為與喜好,將能完全複製給數位孿生,實現真正的「永生學習」與即時連結。

第十六章　資訊革命：AI與通訊世代的演化

聽起來有些夢幻，也有些可怕。萬一所有數位孿生決定取代人類，聯手「叛變」，那人類豈不是面臨滅絕危機？好啦，不管你信不信，別怕，我說這些，其實是想強調，當 AI 與未來的通訊技術融合時，許多看似不可能的事情，都將變成可能。

那麼，未來的通訊世界，甚至在 10G 時代，又會是什麼樣子呢？這還得請出水晶球來想像。屆時，量子計算恐怕已經成為現實。在量子世界裡，一切都是機率，沒有絕對的確定性。科學家可以精準地將光子投射到某個位置，只要光柵大於原子尺度。然而，當光柵小於原子尺度時，光子便不再有確定性的行為模式，而是以機率分布的方式，同時出現在不同位置。

量子的世界是機率的世界，沒有絕對，也沒有確定，思考方式與我們的宏觀世界完全不同。其中一個極具特色的現象，叫做「量子遙傳」（Quantum Teleportation），也稱量子隱形傳態，是利用量子糾纏來將量子資訊瞬間傳送至任意距離的技術。在不同地點，量子資訊可以同時存在，也就是說，每個量子資訊都是「原版」而非「翻版」，這與我們現今所理解的「傳輸」概念截然不同。這一概念早在1993年就已提出，並且已經被實驗證明可行。

當量子計算時代真正來臨，我們的量子資訊是否也能

以量子遙傳的方式，同時「存在」在不同的地方呢？那時的通訊速度和容量，恐怕遠遠超出我們今天的想像。當然，這種量子遙傳目前僅限於量子資訊，尚無法做到物質和能量的傳送。是不是更久的將來會有新的物理突破，使得物質和能量的遙傳成真呢？如果真能做到，人類夢寐以求的星際旅行，也許真的指日可待。

說了這麼多，用一句話概括就是：「知識就是力量」，在資訊大革命的時代，更是如此。神經網路歷經三次復興，最終奪得諾貝爾獎。只要有恆心和毅力，世上沒有不可能的事。

第十七章
相守一生的夥伴

每日下班開車回家時，她總是在車庫外同一個角落的草地上等著我。我一下車，她便興奮地衝上前來撲倒在我身上，我則會抓住她的前腳抱抱她。這成了我們每天固定的儀式。她是我們家新成員，一隻名叫 Reo 的英國小型牧羊犬（Sheltie）。彷彿她總能準確預知我什麼時候會回家，每當我出現在車道上，Reo 總是激動地迎接我，那一幕成了結束一天辛勞最美好的時刻。

Reo 擁有黑白相間的長毛和優雅的氣質。這品種在各類狗中算是極其聰明的，著名電影《靈犬萊西》的主角便是這種狗。話說回 2000 年初，兩個孩子嚷嚷著想養狗。我們在報紙廣告上看到北維州 Shenandoah 山區有人出售剛出生的 Sheltie 狗寶寶，便帶著兩個孩子上山去看。山路沒有標誌也沒有門牌，真不知該怎麼走。偶然看到山坡上一戶人家，拐個彎過獨木橋開了上去，果然正是養狗的

人家。他們把狗爸爸媽媽都叫出來給我們看，說長大後會像牠們一樣。原來這戶人家靠養狗貼補家用。旁邊的大籠子裡擠滿了狗寶寶，他們說已有幾隻被預訂。那隻黑白相間的小狗走過來，正對著小兒的臭布鞋聞個不停，她叫Reo，因為她的毛色像Oreo黑白相間的餅乾。不論是她特別偏愛那股臭味，還是緣分使然，我們決定就是她了。但法律規定狗必須滿三個月且完成疫苗接種才能帶回家。我們只好先付訂金，等了兩個多月才接她回家。

還沒把她接回家前，就先和兩個孩子簽了約，他們保證完全負責照顧狗狗的起居飲食。然而約是簽了，卻從未履行義務，理由是以他們年紀所簽的約不具法律效力，所以不算數。當然以後不會再上當不再跟這兩個小無賴簽什麼約了。接回家後，這小狗倒也規矩，總會等到院子的草地上才大小便，是狗媽媽教得好。只是附近老鷹成群經常在天空盤旋，得趕緊把她帶回屋裡，以免被老鷹叼走。

Reo不改牧羊犬的天性，總是把兩個孩子當羊看護。如果哥哥作勢要欺負妹妹，她便站到妹妹那邊衝著哥哥叫。院子裡若見到狐狸、鹿或其他動物，她會立刻衝出去將牠們驅逐出院子。Reo很聰明，很快就認清了家裡兩畝地的邊界，每次她只把入侵者趕到邊界外，從不跑丟。因此她漸漸大了後，我們就放心讓她在院子自由玩耍，順便

看家護院。Reo 最痛恨狐狸,每到三更半夜,只要聽到狐狸的聲音,她就會抓狂大叫,許多時候我們聽不到任何聲音,但只要看到她的反應,就知道狐狸來了。

Reo 真像個毛小孩,每當孩子們的朋友來家裡,在地下室玩耍,她總會悄悄溜下去和孩子們一起追逐,那興奮的叫聲簡直跟孩子沒兩樣。我們不准她離開飯廳和廚房,但她總會一點一點地把前腳探進客廳,接著整個身子悄悄溜進去,最後乾脆趴在沙發旁一起看電視。我們發現後會叫她回去,可她照舊一遍又一遍重演這套戲碼。最後我們也煩了,只要她不搗蛋,就任她去了。我在書房工作時,她總是臥在門口面朝外頭,好像在守護著我。如果有工人或朋友來訪,她總是第一個衝到門口狂吠,但只要對方膽敢靠近,她又是第一個掉頭逃跑,真是中看不中用。我走到哪,她就跟到哪,像個小跟屁蟲。

每天早上第一件事就是去院子撿報紙,Reo 總迫不及待在門口等著出去放風,也順便去草地大小便。我總會說:「Go peepee poopoo!」她便在草地上東聞西聞,尋找一個滿意的地方解放。她還會屁股著地,用前腳往前滑動,在草地上擦屁股呢!我在後院或菜園忙活時,她總是寸步不離地跟著,好像她也在幫忙。一旦我累了找地方歇會兒,她便跑來把下巴放在我腳上,或者把頭鑽進我懷裡

撒嬌。我摸摸她的頭,她便滿足地閉上眼,一副享受的樣子。看到遠處有鹿出現,她會立刻警覺地盯著看,翹起尾巴,發出低沈的聲音。如果鹿無動於衷,她便衝上前作勢驅趕,把牠們逐出院子。這大概是她唯一的本事了,撿報紙、做小把戲都不會,誰叫她是牧羊犬呢?

有一天,我菜園的門忘了關,再回去時發現種的小番茄被摘了不少,還被整齊地堆放在一旁。我正納悶怎麼回事,就看到 Reo 一臉心虛地看著我。我大聲喝斥:「Reo!」她立刻跑來蹭我的腳,裝出一副可憐撒嬌的模樣,彷彿在説:「原諒我吧!」讓人又氣又好笑。原本狗是不吃番茄的,可她總是跟在我身旁,看著我隨手摘了過熟的直接吃。久而久之,她也學會了吃番茄。我經常先摘一些堆在地上,等會兒再拿東西來裝,沒想到她學得有模有樣,也會把番茄摘下來一堆堆擺好。只不過她分不清紅的綠的,統統都摘。

因為院子大,Reo 可以在草地上自由大小便,也從不跑出院子外,我們也省去了遛狗的麻煩。她很少用牽繩束縛,但每當我拿起牽繩,她便興奮地跑到我面前,乖乖坐好,把脖子伸長,等著我給她套上。因為她知道,牽上繩就能到小丘下的社區道路上散步了。孩子們騎車或我去跑步時,總會帶上她。一開始她總是跑在前頭,還會拉著我

們走,到後來沒力氣了,就慢慢落在後頭變成我們拉她。雖然她喜歡出去走走,但沒人帶她絕不會自己跑出去,這正是她聰明的地方,因此她能自在地在院子裡自由行走,不必被束縛。

但也有一次例外。有一天怎麼也找不到 Reo,她原本應該在草地上曬太陽,卻突然不見了。一天過去了,我們著實著急。天色將暗時,只見 Reo 從遠方溪床慢慢走來,後面還跟著兩隻髒兮兮的流浪狗。這兩隻狗幾天前就出現在附近,被我趕走過,沒想到 Reo 居然反常地跟著牠們跑出去玩了。回到家時,那兩隻流浪狗還想跟著進屋,我們趕緊關門,大聲訓斥 Reo,她卻一臉可憐地低著頭,不時抬頭偷偷瞄我們一眼。唉,算了,下次別再交壞朋友了。她弄得一身髒兮兮,只好抓來洗個澡。

人的一年相當於狗的七年,一轉眼十四年過去了。Reo 從一隻調皮搗蛋的小狗,成長為年輕力壯的牧羊犬,如今已是步履蹣跚的老狗了。此時的她已無法自行上下樓梯,每次出門到草地上,我都得從後面輕輕托起幫她一把。她也漸漸失去對大小便的控制,經常清晨起來,已忍不住在床邊解放,平時也常一滴一滴地在家中四處滴尿。儘管如此,她還是愛吃,還是跟屁蟲,還是一樣守在書房門口,一樣每天等在老地方迎接我下班回家……

有一天傍晚，我下班回家，卻不見她在外等候。心中一陣不安，進門一看，只見 Reo 口吐白沫，躺在地上抽搐。我們趕緊將她送到最近的動物醫院，護士搖搖頭說：「恐怕不行了，你們好好陪陪她，想好決定再告訴我。」我趕緊叫來兒子與 Reo 道別，女兒在紐約念書，也透過視訊一邊哭一邊向 Reo 說再見。Reo 微微吐著舌頭，已無力清醒。護士來問我決定，我說：「就讓她安詳地走吧。」家人還有些不捨，我說：「Reo 相信我會為她做最好的決定，就像我一直信任她一樣。」護士點點頭說：「我去準備，你們慢慢來，時間到了再叫我。」我們同時簽署了火化協議。護士知道這是我們最後相處的時光，雖已超過關門時間，仍貼心耐心地等著。我給了 Reo 最後一個親吻，輕聲對她說：「Reo，謝謝妳來陪伴我們，妳好好地走。」我們剪下一些她黑白相間的毛做紀念，Reo 便安詳離開了。

　　第二天一早，我依舊出門撿報紙，沿著熟悉的步道走下去，驀然發覺少了什麼。我忍不住大聲呼喚：「Reo！Reo！Reo……」淚水汩湧而下……

第十八章
風起：一場風暴的前奏

東風乍起──翻轉期刊的契機

就在一個機緣巧合之下，我走上了期刊主編的道路。那是在 2000 年年底的一天，我收到一封電子郵件，邀請我擔任一個期刊的主編。這封信來自 Ahmed，他和太太剛成立了一家出版社，專門出版國際期刊。他們倆都是埃及人，畢業於賓州大學（UPenn），Ahmed 擁有物理博士學位。回到故鄉創業後，他們從一家歐洲大出版社手中買下一本經營不善的期刊，希望能翻轉這個局面。這本期刊叫《應用信號處理》，正好也屬於我的研究領域。

我問他們為什麼會來找我，他們說許多人都推薦找我。Ahmed 為人誠懇坦率，加上他的學術背景，使他有別於一般的商業出版商。再加上我過去的創業經驗，讓我們之間多了一份共鳴。然而，要經營一份新的期刊已經不

易,更何況是讓一家新創出版社翻轉一本失敗的期刊,這無疑是難上加難。我心中十分猶豫。

那年冬天,我們到附近的滑雪山區度假。夜晚,我獨自在雪白的雪道上滑行,冷冽的寒風拂面,那純淨寧靜的雪景彷彿洗滌了我混亂的思緒。突然,我有了靈感。信息與訊號處理是一門極具實務性的領域,從電話語音到電視影像,再到無線通訊,都正經歷革命性的發展,但這個領域卻缺乏一個專注於實務應用的期刊。於是我想到,可以透過一系列專題邀約各領域的優秀學者擔任特別編輯,每期聚焦一個主題。下山後,我立刻聯繫 Ahmed,說我有辦法翻轉這本期刊,只欠「東風」。

那「東風」是什麼?就是一個概念,品牌。那些頂尖學者不會輕易為一家位於埃及的新創出版社剛買下的失敗期刊擔任專題主編。我們必須說服歐洲信號處理協會(EURASIP),將這本期刊納入其名下。EURASIP 當時的期刊影響力不高,而這個新計畫有機會讓他們重振旗鼓,甚至引領風潮。果然,我們成功說服 EURASIP,這本期刊從此成為 EURASIP 旗下的官方期刊。

很快地,我安排了二十多期特別專輯。原本這本期刊一年只勉強發行四期,甚至有時無法出滿,如今立刻變成一年十二期,且投稿排期已滿到一年之後。這本期刊很快

第十八章　風起：一場風暴的前奏

成為領域裡的熱門話題，EURASIP 也從過去在 IEEE 面前的「小弟」，一躍成為可以平起平坐的對手，協會運作從守成轉向積極，這一切竟然要感謝一位來自美國的亞裔。

就在此時，IEEE 信號處理學會正為其旗艦雜誌《Signal Processing Magazine》辦得不盡理想而煩惱。當時負責出版的副總裁 JM 找上我，希望我接任主編職位，但條件是必須辭去手上的期刊工作。我與 EURASIP 說明了情況，他們也體諒我身在美國，很爽快地答應了。於是，我正式踏上了 IEEE 這艘大船，開始了一段影響我未來幾十年的旅程。

接任主編後，我發現前任主編事必躬親，缺乏團隊組織與長遠規劃。而這本雜誌是發送給所有學會會員的，必須具備多樣性，滿足不同族群與領域的需求。我上任後，第一件事便是擴充內容，不僅加強專題，也加入教學類文章和各類短篇專欄，每個部門都設立負責人，同時擴大編輯團隊，邀請許多資深學者積極參與。

很快地，好評如潮，投稿數量激增，涵蓋領域也日益廣泛。兩年後，這本雜誌的影響力在全球 175 本電機電子與計算機類期刊中排名第一，而且此後多年持續保持頂尖位置，多次榮登榜首。這驚人的成績讓人刮目相看，我也因此被提名並當選學會負責所有期刊的副總裁。表面看來一切風光順遂，但一場風暴正悄然醞釀。

風暴來襲──權謀下的陷阱與反擊

任何組織都有政治角力,國際學會也不例外。學會裡七、八個期刊的主編個個來頭不小,各自稱雄,誰也不服誰。期刊部的會議上,我剛說完話,立刻有人用不同說法重複我的意見,好像是他們的主張。我對這種行徑非常反感。更離譜的是,有一次前期刊副總裁正在檢討近期大量論文抄襲的問題,要求修改協會政策增加反抄襲條款。他請主編們幫忙撰稿,我主動協助,沒想到他竟直接將我寫的稿件署上自己的名字發給所有主編徵詢意見。我私下向他抗議,他卻說:「別聲張,以後好辦事。」我們正在討論反抄襲,他卻堂而皇之抄襲了我的文字,荒謬至極!我於是逕自通報所有主編,那稿是出自我手。這一群既得利益者,對我的崛起早已心生忌憚。

有一天,我已是副總裁,學會高層在某地舉辦前瞻研討會。學會總裁 AH 寄來郵件,說休息時間到他房間私下商談一事。我剛演講完,休息時間一到,我便去找他說,咱們走吧。正走向電梯,前總裁和學會總幹事 MK 也走了過來。MK 是 IEEE 全職員工,一位身形臃腫的老婦人,性格霸道跋扈,人緣極差,但能力極強,對我一向不錯。

我正詫異為什麼他們也來了呢,就進了 AH 的房間,

那是一間辦公套房,有會議桌椅。才一坐下,他直接遞給我一封信,上面只寫著一句話:「我當下立即辭去副總裁職務。」這是個無預警的震驚。在我還沒有反應過來,AH說:「有人控告你施壓副編輯發表論文,你最好現在就簽字辭職。」我抗議說:「這是子虛烏有的事,我從未做過這樣的事。」AH又說:「為了你的名譽你最好簽名。我們會對外宣稱你因工作繁忙辭職。」我說:「沒有人會相信這個對我的控訴,這不是我做人做事的原則和態度。」他卻威脅說:「若不簽,我們會送交IEEE倫理紀律委員會,屆時你將被除名,什麼都沒了。」

我實在氣憤不過,心想怎麼有這麼壞的人,好,你們這麼下流,我不跟你們玩了。我說:「好,我不跟你們爭論這個從沒發生過的事,沒有認識我的人會相信你們的指控,我沒興趣與你們這種人共事。」我簽了名,站起身來,看見MK站在身後流淚抽泣中,給了我一個擁抱。我往外走時,AH還對我說:「你不用再參加研討會了,現在馬上換機票回家,我們會支付機票費用。」我沒理他,頭也不回地離開了。

在機場等待返程班機時,我越想越不對勁。回想起前一天MK曾語重心長地說:「小心,不要落入陷阱,別讓能力差你一倍的人把你拉下來。」當時我不以為意,如今回

想，她可能已察覺一切，卻無法明說，只能以暗示提醒。

AH 並沒有提出任何證據，也沒有遵循正當程序，只是憑空指控，用「我們」這個模糊的說法讓我誤以為其他人都支持這場逼宮。為什麼其他副總裁和候任總裁 JM 都沒出現？一切突然變得清晰了。

回到家後，我立刻打電話給 JM。他一接電話就責怪我說：「你到哪裡去了？我才跟所有的人說這個人是誰、演講得特別好、最有前瞻性，但一轉眼就不見人了，你知不知道這是我辦的前瞻研討會，而你竟不當一回事……」我打斷他說：「我現在已經回到家了。」他震驚不已，我便將整件事告訴他。他問：「你真的簽了？」我說：「是的。」他大聲說：「你怎麼這麼笨！你為什麼要簽？！」我告訴他，AH 說得好像你們全都同意，我一氣之下不想與這樣的人共事。JM 嘆口氣說：「你該聯絡其他副總裁，我們必須從長計議。」事實證明，其他人全然不知此事。七位執行委員中，除了我和總裁，其他五位都支持我。一位來自前南斯拉夫的副總裁說：「這讓我想起過去蘇聯統治時代，經常有人一夜之間消失。」這分明是一個精心設下的陷阱！

他們要我第一時間寫信撤回辭職信，但 AH 回覆說為時已晚，已經找了前任副總裁暫代我的職務。AH 隨即

寫信給 16 位理事，試圖將此事變成既成事實。我立刻抗議：「我是經過理事會投票產生的副總裁，你沒有權限逼我辭職！」JM 也告訴我，AH 等人正在背後散播謠言，建議我立刻聘請律師震懾他們。當時因為職務的關係，MK 已轉向站在 AH 那邊，其實她實在很愚蠢，還虧她給我警告在先，也正是這樣的行徑導致她後來被 IEEE 解雇。

AH 試圖與我「私下和解」，但目的並非讓我復職，而是要以此事件污名化我，堵住我回歸的可能。我請來一位律師朋友，當 AH 知道律師也會出席會議後，立刻取消了會議。因為有律師在場，說謊將面臨法律風險。這件事鬧大後，IEEE 總部接手處理，由候任總裁 JM 主持調查。最終安排了一場審查會議，要求 AH 和我親自出席。

在會議上，AH 首次明確表示，所謂的「施壓」來自一位副編輯的指控。我說，這位副編輯確實拒絕過我的論文，還曾對我說：「你若能幫我引薦 MK 幫個忙，我就接受你的論文。」我當場拒絕，並嚴詞訓斥他：「你拒絕的理由是我沒按照你的科研方法去做這個研究。我有我的方法，而且不比你的差，你的理由是無理的。做學問要包容不同的觀點與方法，這是科學，不是宗教，不能盲目到只有一個信仰。」所以大家明白確實有令人側目的事情發生，但是過程和結果卻迥異於 AH 的控訴。

原來這個副主編惡人告惡狀，歪曲事實，給他的主編講我的壞話。這位主編過去曾提出一個新期刊的計畫沒成，而我後來另提一個更大、更完整的計畫，促成新期刊的誕生。雖然他現在是這本期刊的主編，卻不但沒有感激我，反而因為我現在已是他的老闆，懷恨在心。他便聯合另一個主編——此人與我競爭副總裁輸了，心理也不服氣——一起羅織事證，告到總裁 AH 那邊。這些人都是美國和歐洲的白人，想要壟斷學會的領導階層。而我是一位新起的亞裔明日之星，是那個打敗他們的人，他們一直想把我除掉。於是出此下策，栽贓誣陷、鋌而走險。

為了圓場，最後的判定是 AH 並非出於惡意，只是經驗不足，當他收到密報後沒有走正道，未依正當程序處理，缺乏程序正義，做出了錯誤的決定，也沒有通報任何人。他們要求我跟 AH 當場握手言和，做一個了結。當天那位曾與我競爭副總裁落敗的主編也向我道歉。他說，本以為只是背後說說閒話，沒想到 AH 真會拿去構陷於我。直到一年後，在一次國際會議上，我發現 AH 總是在我附近徘徊。終於，在周圍沒人時，他鼓起勇氣走到我面前說：「我想了很久，經常睡不好，我想鄭重地道歉。」我伸出手跟他握手說：「我等你的道歉等了一年了，我接受你的道歉，我們忘掉這件事，往前走吧。」

因為無知而產生偏見和歧視

　　世上最可怕的事莫過於人類的無知，因為無知，進而懼怕不知和未知，從而產生偏見和歧視。多元的文化交流和開放的社會可以讓我們互相了解到不同的觀點和做事的方法。當我們勇敢面對，並去除掉因為文化時空隔閡而產生的無知，我們便不再恐懼不知和未知，從而可以接受很多新的，甚至是以前不能接受的觀點和人事物。回想曾幾何時，我們將尼安德塔人視為低等、愚蠢的原始人，住在山洞裡的野蠻人。然而，在 2000 年前後，《國家地理》雜誌封面刊登「曾祖母是尼安德塔人」，DNA 證明除了非洲人外，歐亞大陸的人類體內有 2% 至 3% 的 DNA 來自尼安德塔人。我們的某些免疫基因還得益於他們。為什麼人類會把曾祖母當成無智的低等人種呢？就是因為我們的無知，進而懼怕不知和未知，從而產生偏見和歧視！

　　歷史一次次證明，人類的無知製造了多少本可避免的災難。要消滅無知，社會的進步仰賴族群融合、相互了解與尊重，才能建立一個開放公平的和諧社會。人類也常藉由宗教，填補對不知和未知的恐懼，以求心靈慰藉。我曾在台北一間極具宗教藝術風格的咖啡館，見到一座彌勒佛雕像，旁邊寫著：

> 大肚能容
> 了卻人間多少事；
> 滿腔歡喜
> 笑開古今不解愁。

　　這段經歷歷時四個月，從 2006 年 10 月到 2007 年 2 月，那種精神與肉體的折磨難以言喻，名譽受損、無法得知指控真相的焦慮，讓我夜夜難眠，也花了上萬美元的律師費。主謀的那位主編從此在 IEEE 消失，MK 也在 2012 年我當上學會總裁時被解雇。回想這段經歷，千錯萬錯，在於我當時以東方人的思維行事，因一時氣憤簽下辭職信。若以西方人的態度，他們會馬上拒絕並且要求拿出證據，更揚言尋求法律途徑，情況便截然不同。當時支持我的人一聽到我已簽字，當下反應是沉默。以西方的思維來看，他們心想：「你一定有做錯事，不然為何簽字？」當他們反應過來支持我時，是因為他們認識我，知道我這個人不可能做這樣的事。這正是當時我要簽字時對 AH 說的話：「沒有認識我的人會相信你們的指控。」一個人的信譽比什麼都重要！

　　我不會再犯下同樣的錯誤，在西方的社會裡必須用西方的態度和方法去面對。雖然這是一個傷心費神的嚴峻關

卡。這次經驗也證明，當誘惑來臨時，我選擇了正道，未曾同流合污。因此，我在 IEEE 獲得了更多信任與尊敬。

我的期刊副總裁任期到 2008 年底。當時 JM 已成為學會總裁，按照慣例頒發獎牌給退休志工。我從他手中接過獎牌，隨手放在桌上並未打算帶走。會議結束時，我走出會場，沒想到才走沒多遠，JM 拿著獎牌追了出來說：「你一定得帶走，你做得非常好，讓過去成為過去吧。Let bygones be bygones。」從此，JM 成了我亦師亦友的夥伴，我們互相扶持，攜手為 IEEE 帶來了舉足輕重的影響。

第十九章
雲湧:風暴中的堅持與超越

攀上高峰的起點——從期刊改革到學會總裁

我在學會期刊副總裁任內的三年裡,大力整頓人事與業務,並投入三百多萬美元將所有期刊的庫存稿件全部刊登完畢。當時,一篇論文即使被接受,也需等待一年才能發表,因為出版頁數不足,這大大影響了論文的學術影響力與學會的威望。因此,我順理成章地被提名並當選為信號處理學會的總裁。那是 2009 年,在學會六十多年的歷史裡,我是第一位來自東亞的總裁。連日本的朋友也特地前來祝賀,說他們也為有一位亞裔成為總裁而感到驕傲。

IEEE 是一個龐大且極具影響力的國際組織,會員遍布全球近二百個國家,擁有將近五十萬會員,旗下有超過兩百種期刊和兩千多個國際會議。從技術層面來看,它劃分成大約五十個學會組織;從地域層面則分成全球十

個地區和三百多個分部。IEEE 一年的營業額接近六億美元，擁有十萬名志工與兩千多名專職經理及職員。與其說 IEEE 是一個學術協會，更像是一家跨國企業，擁有嚴謹的組織架構和章程。再加上過去一世紀以來，幾乎所有技術突破都與電機、電子與電腦領域相關，IEEE 始終是全球科技發展的領航者。無論在學術界或工商界，幾乎所有技術領域的重要人物，都是 IEEE 會員。

我在信號處理學會總裁任內推動了多項改革。首先，公開透明地向會員報告學會所有重大事務。我在學會重要的國際會議上，以總裁身分公開報告學會的運作概況，從人事、組織到財務和策略方向，讓會員了解學會的真實現況。一位資深大佬，也是後來瑞士著名學府 EPFL 的校長，特地來向我致意，說他在學會幾十年，這是第一次真正了解學會的全貌，並感謝我帶來的改變。我還成立了會員部門，積極推動會員服務。我的團隊士氣高昂，推動了多項新計畫，為學會帶來許多嶄新的氣象。

作為信號處理學會總裁，我也必須參加 IEEE 學術部的會議。這個學術部門涵蓋將近五十個電機電子相關領域的學會，每年舉行三次會議。第一次參加就被那場面的規模震撼了。數百位來自全球各領域的領導者齊聚一堂，會場宛如聯合國大會，氣氛熱烈，這也是最好的交流平台。

記得有一次，我與生物醫學工程學會的總裁商談合作事宜，一直談到晚餐時間，我們便走出旅館隨便找家餐廳吃飯。一走進去，才發現店內特別布置了粉紅色調與鮮花，連菜單也都特別設計。我們這才意識到，原來那天是情人節。我們這些教授、工程師、科學家，實在沒有羅曼蒂克的細胞，完全忘了今夕是何夕。這時一位服務生走了過來，看到我們兩個男生在情人節共進晚餐，熱情地招呼我們，嘴角露出一股異樣的微笑。我們互看一眼，立刻心領神會，誤會可大了，便匆匆點餐，草草吃完離開。

　　IEEE 這樣龐大的組織，財務報表極為零散，許多人戲稱那是一盤亂成一團的義大利麵，錯綜複雜，看不出哪裡賺錢、哪裡虧損。這源自於長期使用各種老舊的會計系統，各單位各自為政，所用的軟體互不相通，導致財務資訊混亂。多年來，因為 IEEE 業務蒸蒸日上，幾乎各單位都能獲利，沒有人在意這些問題。但這並不是一個現代國際組織應有的經營態度。掌握資金流向，了解哪些服務和產品最受歡迎、哪些項目虧損嚴重，是基本的經營原則，也能用來做出最佳營運決策。其實，各學會早已抱怨連連。

　　到了 2013 年，財務長竟公開宣布要將財務管理費用提高到 30%，也就是說，有 30% 的預算會被挪作所謂的「管理費」，而且用途不明，這將大大加重各學會的負

擔。如果財務報表清楚透明，這樣的安排尚且說得過去，但在帳目混亂的情況下，未來這比例甚至可能繼續調高至 40%。更讓人驚訝的是，竟然沒有人提出異議。我當場舉手，強烈反對。財務長卻冷冷地說：「這是董事會的決定，你同不同意也改變不了結果。」言下之意，就是「你無權過問」。

會後，幾位學會會長聚集起來，我們決定成立一個體制外的草根組織──「財務透明委員會」，發起推動財務透明的運動。我們要求全面改革財務報表系統，並投資新軟硬體設備來整合資金流向與來源。這個財透會迅速凝聚了上百位現任與前任學會會長，聲勢浩大，掀起一場改革浪潮。雖然財務部門極度不情願，但也只得半推半就地開始改革。多年之後，到了 2020 年，IEEE 董事會終於通過撥款兩千萬美元，購入一套全新的財務系統，全面解決這個長期存在的問題。

權力的風暴──挑戰與反抗的較量

回到 2016 年，那時我已是第九學部總監，成為董事會成員，代表七個與信息訊號相關的學會。當時的 IEEE 總裁來自軍事背景，他將軍中的強硬作風帶進這個世界級組

織，完全革革不入。IEEE 的董事會有三十一個成員，代表各個組織，從學會、地方分會到標準部都有，因為這是一個由會員組成的組織。他想仿效商業公司，將董事會成員減少到六或七人，取消任期制，甚至引進外部人選。這種做法立即引起強烈反彈，但他絲毫聽不進去，反而用盡各種方法來操作、甚至施壓，逼迫其他人接受他的想法。

開董事會時，只要談到這個議題，我們就被邀請到另一個會場，一間像教室一樣的空間，擺設完全不同於平起平坐的董事會會議室。我們頓時覺得好像矮了一節，讓人有種「聽老師訓話」的感覺。這種感覺真的很不舒服，而這種專制作風更是與會員協會的民主精神背道而馳，大家紛紛群起反對。然而，這位總裁變本加厲，所有領導單位的公開信件都必須經他與律師審查，還要求修改用詞，不允許使用職稱頭銜。這完全違反了會員協會的民主本質，許多人開始群起造反。

這是我在 IEEE 經歷過最荒唐的一次事件，也不禁自問為何還留在這個組織。就在這樣的壓力下，人性的光明與黑暗面一覽無遺。有些人為了趨炎附勢，屈從於淫威而附和風向；也有人仗義執言，不願屈服。我當著董事會的面，質疑他們到底依據什麼合法的法條或規矩，可以來修改單位領導的書信，在我說完之後，一位日本代表走到我

第十九章　雲湧：風暴中的堅持與超越

身旁，悄悄遞給我一份小禮物，說：「我太喜歡你今天講的話了，你真有勇氣。」後來，他也成了 IEEE 第一位亞裔總裁。而那些支持軍人總裁的人，自此不再跟我講話。這場鬧劇最終以全球會員投票反對告終，劃下句點。

這場風波平息後，我也順利當選 IEEE 學術部副總裁，這是 IEEE 最大的單位，掌握約 80% 的收入，這個副總裁的位子有著舉足輕重的份量。我成為 IEEE 歷史上第一位亞裔擔任此職位的人。同時，JM 也選上了 IEEE 總裁，但過程一波三折。JM 的資歷和成就遠勝其他候選人，但在上述那場鬧劇中，他作為學術部副總裁與我並肩作戰，代表學術部站在反對方。那位軍人總裁和他的人馬在董事會最後一關，硬生生地在所有的董事面前，拿掉他的候選人資格，這對他來說是奇恥大辱。

幾天後，我打電話給 JM：「是可忍，孰不可忍。現在只剩一個辦法了，我幫你發動會員請願，需要四千個簽名。」這可不容易，但我們還有四個月的時間。沒有完整的聯絡資料，要從全球會員中取得這麼多簽名，實屬困難。然而，我們還是成功做到了。JM 以改革亂象為主軸，得到很多回響最終大勝當選。他特地打電話來說：「沒有你和你的支持，我絕對不可能當上總裁，這完全是你的功勞。」其實，他大概忘了，十幾年前，是他幫我度過了被

誣陷的難關。這次拔刀相助,我只是盡一份本分而已。

我同時也選上副總裁,我們攜手推動多項重要改革,其中一項就是耗資兩千萬美元的財務系統更新。隨後,我也被提名為 IEEE 總裁候選人。然而,那時的前總裁及其舊部仍掌握提名委員會。每個候選人都得通過這提名委員會的審核,才能提到董事會做最後的決定。我在跟提委會面試會談後,JM 問我如何。我說:「非常好,應該沒有問題。」他說:「你最好找好幾個董事,準備做董事會的請願簽名。」我跟他說:「你太多慮了。」我心想,除了答辯順暢,自己的學經歷與成就也是最好的,因此信心滿滿。結果名單一出現,只有兩個名字,而且沒有我的名字。JM 是對的,薑還是老的辣。他們故意只提名兩個人,這是從未發生過的情況。通常,提名委員會會提出至少三人名單供董事會篩選,因為董事會必須至少提名兩人給全球會員去選擇。只提兩人,就是剝奪了董事會的選擇權,完全藐視董事會和現任總裁 JM,同時更明白宣示其他候選人根本不夠格。

這又一次「是可忍,孰不可忍」。JM 早就提醒我要事先準備請願簽名,但我過於自信,未曾防備。得知結果後,我立刻聯繫世界各地董事會成員,不到一個小時就收集到足夠的簽名,成功成為候選人,爾後董事會更是幾乎

全員大力推舉而成為正式總裁候選人。選舉期間，我獲得來自世界各地會員的廣泛支持，尤其是全球各地的華人社群。最終，在 IEEE 全球十個地區中，我幾乎全面勝出，以壓倒性票數擊敗另外兩位對手。

其中一位對手是印度裔美國人，另一位是孟加拉裔美國人，因此我在印度次大陸的得票率不到 5%，這在意料之中。但讓我意外的是，我在大多數伊斯蘭國家得票率也偏低，唯有華人眾多的馬來西亞例外。這讓我有點納悶了，雖說孟加拉人是伊斯蘭教徒，可是從東南亞到中東再到北非，各個國家有著不同的政經與文化背景。我因此深刻感受到伊斯蘭教的宗教力量。

疫情中的堅守——重塑 IEEE 的未來藍圖

正值選舉期間，全球爆發了 COVID-19 疫情，幾乎整個地球陷入封鎖封城的局面，所有日常運作全面停擺。轉瞬之間，整個社會的運作徹底改變。所幸現代網路通訊科技得以支撐虛擬會議與遠距工作，讓人類社會在這場危機中仍能維持一定的運行。

面對前所未有的病毒，我們看到了生命的脆弱與無助，同時我們也看到了人類社會對這種危機處理的韌性和

決心。不論是利用電資科技維持虛擬營運，還是透過生化科技開發疫苗，各國政府與經濟體也努力透過政策手段，為社會留下一絲喘息與生存的空間。經過兩年多的奮鬥，世界終於逐漸恢復元氣，慢慢回到正軌。

我於 2020 年當選 IEEE 總裁，2021 年為候任總裁，到 2022 年正式上任。任期經歷了 COVID-19 帶來的封鎖期和後來的逐漸開放，我帶領這個全球會員分布廣泛的跨國組織，面對不同國家疫情措施的差異，充滿了挑戰。然而，我也將這場危機視為一個契機，帶領組織反思困境的根源，重新檢討並制定完整的改革計畫。我以實現「IEEE 作為全球工程與技術社群的專業家園」為任內的核心目標。

在任內，我順利推動了多項重大改革。亞太地區因會員人數激增至全球總會員的三成多，但董事代表卻始終只有一位。這項地區重劃的企劃吵了五年多，終於在我任內獲得通過。此外，IEEE 會士選拔機制的改革，也是在多年的爭議中，由我成功推動完成。我積極利用一切機會吸引下一代年輕工程師與科學家加入 IEEE，導致 2022 年全球學生會員人數增加了近 20%，創下歷史新高。

我還成立專責委員會，邀集各領域專家，預測直至 2050 年的世界發展趨勢，並提出 IEEE 未來三十年的藍圖。

第十九章　雲湧：風暴中的堅持與超越

IEEE 如同一艘巨輪，改變航向需循序漸進，而船長的責任，就是為未來規劃好正確的航道圖，為下一代領航。

在這個大家庭裡，我結交了來自世界各地、不同文化與宗教背景的朋友，這些人豐富了我的人生，也讓我對世界有了更深層的理解。其中一位好友SF，是日本語音信號處理領域最知名的學者之一，曾獲得日本與 IEEE 多項大獎，也曾接受日本天皇親自頒贈紫星勳章。他比我年長 16 歲，但仍精力充沛，行動敏捷，走路比我還快。當他從東京工業大學退休時，還邀請我前往為他的退休儀式致詞。我們曾一起創立亞太信號訊息處理學會，致力於凝聚亞太學者。他甚至曾擔任豐田汽車在芝加哥設立的豐田技術大學校長，六年內每兩週從東京往返芝加哥，可謂鐵人。

然而，2020 年，他突然告訴我自己確診罹患胰臟癌第四期，且癌細胞已轉移，時日無多。這對我而言，如同晴天霹靂。我經常笑他有長壽基因，因為他的父母都已九十高齡仍健在。他辭去所有職務，但依舊敬業參與各種學術活動。因為疫情，所有會議都改成視訊進行，只見他漸漸禿了頭，身形消瘦，但病情似乎穩定，依然樂觀。

2022 年 7 月下旬，他傳來訊息說病情急劇惡化，恐怕只剩下幾天。我立刻詢問是否還能視訊，我們約好隔天通話。那是生死訣別，他經過約兩年與病魔的奮鬥，已坦

然面對命運，表現得十分鎮定，沒有掉一滴眼淚，但我早已淚流滿面。我告訴他：「對不起，因為疫情封鎖，無法親自去看你。如果解封，我一定去看你，請務必撐下去。」SF 說：「那是不可能的了。謝謝你的友誼，我們來生再見。」

當時，我是 IEEE 總裁，手邊正好有一支印有 IEEE 標誌的鋼筆，本打算見面時親自送給他。我馬上請助理準備了一張卡片，上面以我的名義寫下謝謝 SF 一生對 IEEE 和學術的巨大貢獻，並附上那支鋼筆，火速以最急件郵遞去日本。之後，便再也沒有他的消息。幾天後，IEEE 日本同事傳來 SF 過世的消息，這在日本是件大事。我不知道那張卡片和鋼筆是否及時趕到。

數週後，我收到 SF 遺孀的電郵，她說：「SF 很感激你過去對他的幫忙，他在過世的前一晚收到你的卡片和鋼筆，也很感謝在他走之前能收到 IEEE 的肯定，他很珍惜這隻鋼筆，最後他很安詳地走了。」兩個多月後，日本已解封，我也到日本參加 IEEE 的會議。我特地去 SF 家一趟，我在他的靈像前跟他說：「我來看你了。」那隻鋼筆和卡片正放在他靈像前的供桌上，不禁淚水又湧了上來。

第十九章　雲湧：風暴中的堅持與超越

歷史性突破──打造全球最高科技獎項

IEEE 作為一個世界級的組織，任何地區性的衝突都會直接影響到它的運營。以烏俄戰爭為例，戰事爆發隔天，烏克蘭分會會長便要求我公開表態支持烏克蘭，並將所有數千名俄羅斯會員全部除名，禁止在俄羅斯舉辦任何 IEEE 會議，也不允許期刊訂閱給任何俄羅斯的學術機構。這樣的要求遠超過 IEEE 章程所能容許的範圍。我請教法務與公關部門意見，當時是星期五，週一一早公關顧問公司便提交報告，指出這件事不論 IEEE 說什麼，肯定都會引起爭議。

IEEE 的架構沒有「國家」的概念，只有「會員」的身分。雖然會員可以在一個國家或地區成立分會，但本質上仍是個人會員與組織的關係。報告建議，當時沒有任何國際協會公開表態，IEEE 不必急於發聲。如果一定要發表聲明，建議使用最中性且符合 IEEE 宗旨的語言：「IEEE 和全球會員支持世界和平的追求。」營運長也建議我們什麼都別說，因為 IEEE 作為一個非政治性的百年組織，連二戰時期都未曾發表過聲明，而且全球戰亂不斷，若這次表態，未來恐怕無法全面兼顧，可能會被批評只關心歐洲而忽視其他地區的衝突。

我堅持認為，不能一味等待別人先表態，作為世界領導組織，我們應該主動做正確的事。這件事已經有會員提出要求，我們得做一些事，不能不做。最終，我們決定在週一下午於各社交媒體平台發表聲明：「IEEE 和全球會員支持追求世界和平。」沒想到聲明一出，烏克蘭分會會長隨即公開批評，指責我們反應太慢、行動太少，甚至直接批評我缺乏勇氣。一些烏克蘭和波蘭的會員也在網路上針對我展開人身攻擊。令人無奈的是，事實上 IEEE 是第一個公開表態的國際組織。

　　在這期間，我還有一個大計畫未能如願完成，但最終歷經三年努力，終於實現心願。回顧過去一個世紀，從燈泡、電報、電話到電視、半導體、互聯網，再到今天的智慧型手機，所有電子資訊產品的發展，都深深改變了人類文明，而這一切無一不是 IEEE 各個領域對人類文明的貢獻。然而，這個領域一直未受到應有的國際認可與獎賞。諾貝爾獎並未涵蓋電機電子資訊領域。十年前，Google 提供百萬美元獎金給圖靈獎（Turing Award），讓圖靈獎成為家喻戶曉的計算機大獎，但它僅限於電腦科學領域。相比之下，電機電子資訊領域對人類文明的貢獻絕不亞於基礎科學與電腦科技。

　　因此，我提議將 IEEE 的最高榮譽勳章獎金從五萬美

第十九章　雲湧：風暴中的堅持與超越

元提升至一百萬美元。然而，年底時，他們僅提出增至十萬美元的方案，理由是 IEEE 基金會財力有限，無法負擔百萬獎金。我暫時接受了這個結果，但心中並未放棄。

翌年，我擔任策略聯盟委員會主席，繼續推動這項計畫。我親自聯繫多位世界級企業創辦人尋求捐款，但大多數人婉拒，只有一個中國的大企業願意對話和支助。

然而，考量地緣政治的敏感性，IEEE 董事會最終決定不接受捐款，拒絕當時總裁的提案。作為一家在美國註冊的企業組織，IEEE 必須遵守美國法律。於是，總裁找我來說服，在 2024 年 5 月的董事會上，我問他們說：過去一百年來，電機電子資訊科學與電腦這個領域對世界產生了最大的影響，從發電到電燈泡，再到電視、收音機、半導體，乃至今日的無線通訊、人工智慧和手機，都是我們這個領域發明的，你們同不同意？其它領域的科學家可以拿諾貝爾獎，而我們這個領域卻沒有；他們得到的認可比我們更大，甚至圖靈獎也只是涵蓋我們其中的一個領域，他們獎金都有一百萬，你們嚥得下這口氣嗎？我本來打算只申報一個一百萬美元的獎項，但在我做了報告之後，獲得加碼。我提議由 IEEE 自行出資設立兩百萬美元的榮譽勳章獎金。這項提案獲得全體無異議通過，成為歷史性的一刻。從 2025 年開始，這將成為全球最高額度的

科技獎項，超越諾貝爾與圖靈獎的百萬獎金。我告訴董事會成員，多年後，大家一定會記得今天這個歷史性的決議，這是電子電機資訊界的榮耀。

同年 2 月，這個兩百萬美元的大獎首次頒發給博通創辦人山繆利（Henry Samueli）先生。巧合的是，他曾在 1990 年擔任我博士論文的口試委員之一。隔年，他離開 UCLA 創辦博通，當年我許多實驗室的同學也隨他一同創業。多年後，公司上市，這些同學個個成為新貴。IEEE 特別邀請我與現任總裁一同在紐約主持盛大典禮，將這份榮耀親手頒發給山繆利先生。我對他說：「您的成就讓我們深刻認識到，做工程技術的研究不應僅止於發表論文，而是要真正造福人類，創造美好生活，這才是真正有影響力的工作。」

榮耀與傳承——打破天花板的最後一役

還有一個小故事。當我擔任 IEEE 總裁，頒發榮譽勳章給 2022 年得主 AM 時，我們在宴會上同桌用餐。AM 當著眾人面前問我：「你是不是已經是國家工程院院士了？」我當場愣住，怎麼有人會在這麼公開的場合問這個話題，不知該如何回應，只好微笑搖頭。他又問：「為什

麼還不是?」席間一片安靜,大家都看著我。我只能兩手一攤,一笑帶過。事實上,大家心裡都清楚,這類榮譽的提名是一套封閉的機制,必須由現任院士提名,沒有提名就沒有機會,而我從未積極爭取過這些頭銜。

飯後,AM 把我拉到一旁,說:「我看過你的資歷,你早就夠格了。我原以為你已經是院士了,這才問你為什麼不是。你必須有人提名才有機會,這件事我來幫忙。」AM 與我素昧平生,卻如此仗義相助,讓我感激不已。我們後來成為了好朋友,他也協助我將 IEEE 榮譽勳章提升為全球最高獎金的獎項。

IEEE 是世界上最大的專業協會,遍及二百多個國家,擁有將近五十萬名會員。我常在思考:「什麼是真正的『大』?」英文裡有兩個字與「大」相關:一種是「巨大」(big),一種是「偉大」(great)。IEEE 不必成為會員數量最多的組織,但必須成為最受人尊敬的偉大組織。偉大,才是歷久彌新的根本,而受人尊敬的組織,不必追求規模龐大。

這也反映在人生價值的選擇上。我們追求的是做個「大人」——當高官、掌大權,還是做一個平凡但受人尊敬的人?一個受人尊敬的人可以是任何行業的市井小民,只要敬業樂業,對社會有所貢獻,就值得尊敬。而

那些追求官位名利者，即便身居高位，也未必贏得別人由衷的敬重。

COVID 疫情帶來危機，也帶來改變的契機。在這場全球災難中，人們看見了改變的必要，也給予我們一個改革的機會。我在任內提出十多項重大方案，全部獲得通過。許多人，包括新當選的總裁，都說我的會議主持得非常好，是最佳的學習典範。然而，他們看到的只是表面上的流暢與高效率，卻未曾看到更深層的原因——那就是多數董事們信任我的人格和領導判斷，以我馬首是瞻。能贏得信任與心服口服，才是順利推動改革的關鍵所在。

許多人告訴我：「你是我在 IEEE 三、四十年來見過最傑出的總裁之一。」也有人說：「你所做的一切，都是遺產級的成就。」這不僅是對我的肯定，更是對亞裔能夠在世界舞台上擔任領袖角色的認可。

有人問我，為什麼會選擇參選 IEEE 總裁？其實，我從未主動追求更高職位，總是在同儕鼓勵和推舉下，才踏上這條路。我參選總裁有幾個重要的理由。過去雖然有日本人成為 IEEE 總裁，但那次他只贏得了亞太地區的選票，其他地區全部落敗。我想證明，一位亞裔，尤其是華裔，也能在全球範圍內獲得廣泛支持，贏得總裁的位子。同時我也要證明一個亞裔也可以當上傑出的總裁，做出重

大的貢獻。我要打破這層厚厚的「玻璃天花板」，改變西方世界對亞裔的刻板印象。從此之後，這便是一條通道，任何族裔、任何人都可以憑藉能力坐上這個職位。

這層「天花板」有多厚呢？曾幾何時，每當我與 IEEE 的營運長 SW 一同接見政界和工商界的領袖時，這些人，甚至同為亞裔，一看到我們站在一起，幾乎下意識就會先與 SW 握手，因為他是白人，他們直覺認為 SW 才是「老闆」。當然，SW 進入 IEEE 之前曾是美國國防部的助理部長，位階等同四星上將的級別，還有自己的官旗。殊不知，在 IEEE，SW 是直接向我這位總裁報告的。這種潛意識裡的偏見，可謂冰凍三尺非一日之寒。這三尺厚的天窗，不是一天形成的。

在我最後一次的董事會，全體通過宣讀決議紀念咨文，並全場起立鼓掌致意。文中寫道：

> 鑑於在 2022 年 IEEE 總裁兼首席執行官 K. J. Ray Liu 的領導下，IEEE 努力在疫情期間保持活力，並在充滿挑戰的一年中取得了巨大成就，為重新構想和試驗各種模型、服務、產品和解決方案提供了絕佳機會，以滿足我們會員的多樣需求；
>
> 鑑於劉總裁實現了以 IEEE 作為「全球工程和

技術社群的專業家園」的願景，為 IEEE 提供了新的契機，讓個人在整個職業生涯中有一個永久的家園，可以藉由 IEEE 的價值主張，廣泛地參與不同社群並進行更有效的溝通；

鑑於劉總裁利用一切機會吸引 IEEE 的下一代——我們的學生和年輕專業人士，包括 IEEE 作為您的專業家園的活動以及利用廣泛的社交媒體推廣，導致 2022 年全球學生會員人數增加了近 20%，是前所未有的兩位數成長；

鑑於對 IEEE 會士的遴選過程進行了改革，以加強程序、機制和評估標準，並增加合格提名人的多樣性，以更好地反映 IEEE 的組成；

鑑於為了確保我們全球會員的公平代表性，我們批准了長達數年的重新配置地理區域代表的工作；

鑑於劉總裁透過增加 IEEE 榮譽勳章的獎項金額，以及構思 IEEE 榮譽勳章書慶祝 100 多年的榮譽勳章歷史，努力提升 IEEE 獎項的聲望、地位和知名度；

鑑於 IEEE 2050 年倡議，包括發布 IEEE 2050 年及未來白皮書，旨在幫助 IEEE 制定長期策略，

第十九章　雲湧：風暴中的堅持與超越

為未來做好準備、適應並將不確定性轉化為契機；

鑑於作為 IEEE DataPort 的創建者，劉總裁引導人們在數據和分析領域尋求開放科學和可重複研究的新機會；

因此，IEEE 董事會決定向 2022 年 IEEE 總裁 K. J. Ray Liu 表示感激，感謝他的領導、指導和韌性，確保了 IEEE 即使面臨前所未有的挑戰，仍然保持是個強大而敏捷的社群。我們致以最誠摯的祝福，並期待他繼續為 IEEE 推動科技造福人類的使命做出貢獻。

這一天是 2023 年 11 月 20 日。

當時我深深一鞠躬，誠摯回應道：

我要感謝你們每一個人所付出的時間、你們的支持和你們的遠見，以及在整個大疫情期間，為我們非常珍惜的專業家園所做出的共同努力。我內心深處非常自豪地說，IEEE 是我的專業家園。

當初我決定競選總裁職位，是因為我想回報 IEEE 社群為我所做的一切。我很高興，也很榮幸能為我們的會員服務。

如果你問我，我最珍惜 IEEE 的是什麼？我會告訴你，那是與世界各地不同文化、背景和生活方式的人們建立友誼的許多機會，因為每個人都能貢獻出他獨到的智慧。我也受到 IEEE 核心使命的啟發，即「推進技術造福人類」，這也正是我立志成為科學家和工程師的本心。

因為我熱愛 IEEE，所以我想證明 IEEE 可以而且是真正多元化且有包容性的。我是信號處理學會的第一位東亞總裁；我是學術部的第一位亞洲副總裁；我是第一位華裔 IEEE 總裁。我這樣說，並不是為了我個人的榮耀，而是想告訴全世界和我們的會員，在 IEEE，來自各個不同文化背景的人不但可以擔當大任，並且能夠產生巨大影響。

我珍惜與你們的許多美好回憶。最重要的是，我珍惜與大家的友誼。我們擁有共同的專業語言、共同的熱情，以及定義我們是誰的專業家園。

我很驕傲我們一起取得了許多成果。但一切都將結束。與您一起的合作是我的榮幸，也是我謙卑的經驗。是告別的時候了。如果我可以用一句話來形容，那就是：「老兵不死，他們只是逐漸凋零。」

這位老戰士將繼續以任何有意義的方式為 IEEE 做出貢獻。我只是將火炬傳遞給你們。我相信，有你們在，IEEE 將會有一個美好的未來。

非常感謝！

全場再次起立，鼓掌不歇。

第二十章
異域風情：眼界決定格局，胸襟決定氣度

學術生涯與在 IEEE 的活動向來具有全球性，各種會議輪流在世界各地舉行。會員們總希望能將世界各領域的專家學者帶到自己的國度，不僅在技術上交流，更進一步促進友誼與文化交流。我常對學生說，做研究要有高遠的眼界與寬廣的胸襟。眼界決定格局，胸襟決定氣度。這些並不是每天待在實驗室裡就能磨練出來的。多出去走走，看看世界有多大，有多少不同的人和文化，和他們交流，你就能提升自己的格局與氣度，做出更有深度的研究成果。

記得大約在 2001 年第一次前往埃及，當時已是深夜。邀請方安排人來接機，一出機場便上了一條直通開羅市區的高速公路。進入市區後，車子依然高速行駛，眼前

第二十章　異域風情：眼界決定格局，胸襟決定氣度

竟然是紅燈，但車子絲毫未減速直直開了過去。我正驚訝時，前方又是一個紅燈，司機還是照樣直接駛過，連慢都不慢。我不解地問：「你們這裡是紅燈通行嗎？」司機一臉輕鬆地說：「不是的，是綠燈通行。」我又問：「可是剛剛那兩個不是紅燈嗎？」他隨口答道：「對呀，現在是半夜，沒關係的。」就這樣一路心驚膽跳地抵達旅館。

幾天後，朋友請私人導遊帶我參觀博物館和金字塔。途中，司機錯過了高速公路的出口，過了約一百米才停下車，不慌不忙地開始倒車。我坐在後座嚇得不敢直視後方，眼見幾輛大貨車急忙變換車道才避過一劫。到了路口，一名交通警察站在那裡瞪著我們，似乎已見怪不怪。司機對著警察比了個道歉的手勢，裝了個鬼臉，便迅速下了交流道。

在埃及開會，主辦單位竟然安排法式餐點。原來埃及曾為法國的殖民地，開羅也曾有「東方巴黎」之稱。這裡的「東方」並非指遠東，而是歐洲人眼中的近東。那時我一心想嚐嚐地道的埃及料理，便上了會館二樓，詢問服務員應該去哪一間餐廳。他回答：「Oriental food，你可以去這家。」我連忙糾正：「不對不對，我要吃正宗的埃及菜，不是亞洲料理。」他又重複了一遍：「這家有最好的 Oriental food，正是您要的。」直到我走進去才恍然大

195

悟。原來一百多年前，歐洲人修築鐵路，從西歐直通近東的土耳其、埃及等地，這些地方便被稱為「Oriental」，這與我們所理解的「遠東」Oriental 完全不同。所以埃及人自稱他們的料理為 Oriental food，而開羅的「東方巴黎」之稱，也正是指的近東，而非遠東了。這讓我想起那部著名的小說與電影《東方快車謀殺案》，正是這樣的文化背景差異所產生的誤解。

在國際會議中，大家常常一起聚餐。蘇格蘭人看到亞洲人總是爭著付帳，便打趣說：「在蘇格蘭我們吃完飯也會爭吵，只不過我們吵的是你要付帳，而不是我要付錢。」他們聽到埃及闖紅燈的事，也說：「我們蘇格蘭也是如此，紅燈照闖，但開到綠燈的路會停下來。」有人便問：「所以你們的交通規則是紅燈過、綠燈停？」蘇格蘭人笑著答：「不是的，你綠燈不停的話，會怕那邊紅燈的會直闖過來！」真是荒唐卻妙趣橫生。

歐洲的旅館早餐總少不了水煮蛋，還會附上一個小架子或杯子用來放蛋，打破蛋殼上半部，撒些鹽和胡椒，用小湯匙慢慢挖著吃，格外優雅。這比直接剝蛋殼大口吞吃

文雅多了。不一樣的是，德國人吃的是七分蛋，也就是把蛋放在沸水裡煮七分鐘，蛋黃剛剛凝固；而法國人吃六分蛋，蛋黃仍然呈現流質。我曾經買過這種蛋架子，打算也當個文雅之人，可是回家後從沒如此吃過，還是照樣一口吃蛋。在美國總是匆匆忙忙好像沒有時間；歐洲人還是比較懂得如何過生活。暑假期間，歐洲人常整整消失一個月去度假，而美國人則是天天工作。

有一次去德國杜伊斯堡演講，地主興致勃勃要帶我去吃法國菜。我跟他說：「我才剛從巴黎來，這裡是德國，我想吃地道的德國菜。」他笑著說：「最道地的德國菜就是德式香腸，那可是貧民食物poor man's food。」也就是我們說的平民美食。太好了，我正好想嚐嚐世界知名的德式香腸。他還帶我逛鄉間小鎮的集市，鎮上的人販售自家種植或手作的產品，女士們還在舞台上表演時裝秀，當然少不了各式各樣的德式香腸攤位。原來每個小鎮都有自己獨特的香腸配方，各具特色。

有一次在慕尼黑，點了一個從未見過的白香腸，端上來一碗清湯，裡頭有兩根白色香腸。我正準備舀湯喝，那

服務員趕緊跑來說：「不行不行，這個湯是泡香腸用的，不是拿來喝的！」然後我拿起叉子正準備咬下去，他又跑來說：「先生，這個皮不能吃的。」說完便拿刀幫我把白香腸剝開，只吃裡面的肉。當場上了一課「如何吃白香腸」。那次在杜伊斯堡大啖香腸時，牆上貼著一張海報，宣傳慕尼黑的十月啤酒節，畫著一位高大的婦女雙手各拿五杯大啤酒杯開懷大笑。這正是我在慕尼黑啤酒屋看到過而無法忘懷的一幕——當地婦女真能每根手指都挑一個特大啤酒杯，左右各五杯，來到桌上「碰碰碰」地重重放下。我自個兒量力大概也只能左右各拿兩杯。

演講結束時，忽然聽到一陣轟隆巨響，我嚇了一跳，以為發生了什麼事。轉頭一看，只見在座的每個人都用手關節敲打桌面，一問之下才知道，這正是德式的「拍手鼓掌」方式。

離開時，我搭火車前往巴黎轉機。德國的火車準時得令人驚嘆，時刻表上寫著幾點幾分到站，果然分秒不差。車廂類型、月台位置全都標示清楚，上車後我找到一個包廂，裡面坐著一位穿著西裝的男士，看起來像是個經理。我們對面而坐，他問我是不是從馬來西亞來的？我說：「不是，我來自美國，但出生在台灣。」他笑說：「我以前常去馬來西亞，那裡有位同事長得和你很

像。」我發現他手上拿著一本英文書,書名是《了解德國人在想什麼》。我好奇問道:「你不是德國人?」他說:「是啊。」我又問:「那你為什麼在讀《德國人在想什麼》。」他笑了笑說:「哦,我想知道別人是怎麼看德國人,怎麼理解德國人在想什麼。」火車到達科隆,我得轉車去巴黎,但廣播全是德文,他便幫我翻譯說明轉車的月台和方向。這樣一場短暫的相遇,卻留下了溫暖的記憶。

記得有次開會,德國的會議組織主席曾在致辭中幽默地說:「當德國人不在車裡或腳踏車上時,他們是很好的人。」確實如此。有一次不小心站在人行道旁的腳踏車道上,一位騎士憤怒地狂按鈴聲呼嘯而過。離開德國後不久,杜伊斯堡的小旅店來信追討房卡,原來德國法規規定房卡必須回收再利用以環保,我趕緊將卡片寄回,那郵資恐怕是房卡的幾倍呢。

說到巴黎,那是我認為最美的大都會。城市設計優雅大方的風格,讓人覺得充滿文化氣息,也使這座城市備受歡迎。我喜歡坐上雙層觀光巴士的上層,隨著路線在巴黎隨意遊蕩,想下車走走就下車,漫步各大景點和博物館。

有一次隨意下車，滿街都是露天餐廳，人們悠然自得談天說笑。我也隨意找了家餐廳，點了一杯香檳和一碗法式洋蔥湯，遠眺艾菲爾鐵塔，真是愜意極了。

　　巴黎人喜歡吃生蠔和一大鍋煮蚌，法國料理偏淡，以原味為主。真正的法式飲食三寶是麵包、乳酪和酒。麵包的外皮必須酥脆，一掰開便有碎裂聲才算道地。我每次吃完牙齦都會疼痛，心想法國人的牙齒真是強健。巴黎俗稱「光之城市」，當夜幕低垂，華燈初上，正是巴黎最迷人的時刻。我最愛在香榭大道上漫步，那兩旁高大的梧桐樹襯托出大道的寬闊大氣，尤其凱旋門附近，展現了大國首都的風範。不知不覺中，我常在這條大道上來回走了好幾趟。

　　香榭大道的另一頭是著名的羅浮宮博物館，地面上的貝聿銘設計的玻璃金字塔，與古色古香的羅浮宮相映成趣，雖曾被巴黎人批評不倫不類，但也為許多人所稱道。艾菲爾鐵塔當年剛建成時也曾飽受衛道人士批評，但如今早已成為巴黎的地標。法國人對藝術創作的大膽與前衛，使得他們的藝術成就享譽全球。羅浮宮裡最知名的當然是《蒙娜麗莎的微笑》，可惜這名作是義大利人達文西的代表作。尋覓許久，終於在最遠的角落看到了這幅傳世名畫，看了半天也不太明白她的微笑為何如此著名。也難怪

我還是適合從事科研,只配在香榭大道上散步!

在聖母院旁的拉丁區,各國餐廳雲集。有一次經過一家摩洛哥餐廳,老闆熱情邀請我進去,還送我一杯摩洛哥酒。吃了幾天法式清淡口味,正想換換口味,就走了進去。我只嚐一口摩洛哥塔吉鍋(tajin)燉羊肉,便感到驚為天人。那是一種尖頂的密閉陶鍋,專為小火慢燉而設,搭配醃漬的檸檬和地中海酸豆,帶來我從未嘗過的北非地中海風味。本想搭末班火車回酒店,現在索性慢慢享受這異國美食,再悠閒地散步回去吧。

曾經有幾年,我經常前往丹麥,因為一位丹麥技術大學的教授 JS 是我的好朋友,時常邀請我去演講和授課。那裡地處北方,冬天白晝短暫且陰雨綿綿,自殺率頗高。直到五月氣候才開始回暖,陽光乍現時,人們紛紛走出戶外曬太陽,因此丹麥人特別喜愛各類戶外活動。

這位老朋友曾邀我到他家作客,住所就在湖邊,環境幽美。他們的飲食簡單清淡。JS 的太太特別準備了一塊上好的牛里脊肉,烤熟後淋上大蒜與奶油調製的醬汁,配上馬鈴薯和沙拉,便是一頓正式的宴客菜了。北歐以高稅

負的社會主義制度聞名，聽說稅率高達 60%，但全民的醫療保健和教育都免費且品質優良。國家富裕，個人儲蓄卻不多。JS 每回想帶我上館子，都為此猶豫，因為當地人習慣在家用餐，很少外出吃飯。

我每次去丹麥，連續吃了幾天平淡的丹麥餐點，實在忍不住想換換口味，還好當地有不少中東燒烤和印度料理。我半開玩笑對 JS 說：「你們的糕點倒是比正餐好吃得多。」他半笑半認真地說：「這真是一大侮辱啊！」

有一次，JS 帶我來到哥本哈根北方一座遠近馳名的城堡 Kronborg。為何聞名？原來莎士比亞的《王子復仇記》正是以此地為背景，那位悲劇的哈姆雷特王子就是丹麥的故事，被莎翁搬上了國際舞台。這座城堡臨海而建，對岸就是瑞典。往昔冬季海面一旦結冰，丹瑞兩國便你來我往，戰事頻仍，因此 Kronborg 也成了一座重要的軍事要塞。

我們參觀地下室時，發現門檻與天花板都很低，經常得彎腰低頭才能通過。導遊說以前這裡是軍隊住的地方，上邊城堡則是大官住的。我問導遊：「丹麥人這麼高，當年怎麼能在這裡住行？」導遊笑說：「過去的丹麥人身材不高，根本不需要低頭。」他還指著酒窖說：「當年這裡的士兵只喝啤酒。」我驚訝問道：「怎麼這麼好命？」導

遊解釋:「當年衛生條件差,沒有下水道,糞坑和動物排泄物常污染水源,喝水容易染病,士兵們得時刻戒備防範瑞典來犯,自然不能喝水,只能喝啤酒解渴。」我心裡納悶,這天天喝得醉醺醺的士兵,怎麼還能打仗?我就不再追問,料想他也沒答案,怕我在找他麻煩。

其實英國的食物也大致如此,平淡無奇,最出名的就是炸魚排配薯條。第一次去倫敦開會,發現原本的「咖啡休憩」變成了「茶歇」。我點了一杯「英國茶」,送上來時一看,竟然是一杯咖啡。我疑惑地說:「我點的是茶,不是咖啡啊!」那人立刻笑說:「對呀,這就是英國茶。」原來英國人喝茶必是奶茶,外觀和咖啡如出一轍。

在英國用餐特別要留意,價格看起來跟美國差不多,但那是英鎊計價,當年幾乎是美元的兩倍。北方人的頭髮多呈金黃色,但那是因為夏日陽光充沛,到了冬天則會轉為棕色。我曾有一位來自冰島的學生,他帶著太太來拜訪我,太太一頭耀眼的金髮。不久後再見面,她竟變成了一頭棕髮。當時染髮還不盛行,我百思不得其解,直到有天問起,他才解開這個謎底——北方人頭髮隨季節變色。冰

島人為了度過漫長寒冬，常以魚乾為主食，因此他送我的伴手禮，正是一袋冰島魚乾。

說到英國人、法國人和德國人，在 IEEE 的國際會議上這些人經常聚在一起。有一次酒過三巡，氣氛熱絡，大家開起了玩笑：「你們知道天堂裡是誰負責什麼嗎？德國人當工程師，英國人當警察，法國人當廚師。」有人又問：「那地獄呢？」眾人笑道：「那轉一下就變成了地獄，德國人當警察，英國人當廚師，法國人當工程師。」頓時哄堂大笑，舉杯暢飲，好一場天堂與地獄的妙談！

第一次到義大利搭火車時，心裡滿是疑惑：怎麼沒有剪票驗票的地方？月台和車站之間竟是開放式的，來去自由。正好火車也剛到，以為上車再買票就行了，便直接上了車。一路到達目的地，也沒見有人來查票。後來才明白，原來義大利的火車採取的是「榮譽制」，站內設有自助售票機，大家都被默認為會自覺購票。當然，偶爾還是會有查票員出現，一旦被發現沒票，可是要吃上重罰的。

類似的情況在捷克的布拉格也遇過，不過那裡的驗票員態度就粗魯得多。有次在火車上，他們專門挑亞裔來查

票，大概是因為亞裔或外國旅客較常未購票吧。說起來，義大利人在乘車時還算守法，但在餐廳裡，卻時常以各種手段「創收」。記得有次到佛羅倫斯開會，餐廳裡不但隨意加上莫名其妙的稅費，問起來還說不出個所以然；聽到我們講英語，知道是來自美國的客人，還特別自動加上 18% 的服務費，各種名目層出不窮。歐洲的小費本來應是隨意給予，不像美國動輒 20% 起跳，現在看來義大利的「機動加收」倒也別有一番「創意」。

在歐洲城市中，維也納是我最鍾愛的城市之一，僅次於巴黎。這兩座城市有許多共通點：皆為歷史悠久的大國首府，且因躲過二戰的戰火洗禮，得以完整保留其古老風貌。維也納曾是奧匈帝國的首都，宮殿與博物館林立，宛如一座縮小版的巴黎，步行之間便可遍覽名勝古蹟。這裡曾是歐洲音樂的中心，莫札特的樂聲隨處可聞，史特勞斯的華爾滋旋律更曾在宮廷中成為貴族們的最愛。總之，維也納褪不去那過眼雲煙的繁華。它曾經是一個公主，雖然已經褪下宮袍換上布衣，仍然掩飾不了那曾經的高貴。

來到維也納，一定要品嚐當地的名菜——炸小牛排

Schnitzel。這道菜用小牛肉拍打得薄薄的，再裹上麵包粉，炸成金黃酥脆的大肉排。走在街上幾乎家家餐廳的每張桌子上，都少不了這一大塊金黃色的美味。漸漸地，維也納彷彿也與這金黃炸肉排畫上了等號。每回造訪，我總得吃上幾次，才算不虛此行。

有一次，我參加了一趟沿多瑙河的遊船之旅，順流而上欣賞兩岸如詩如畫的風景。沿岸山壁上聳立著許多古堡，大多已斑駁殘破，歲月不饒人。抵達一座宏偉宮殿時，我們下船參觀，被引領穿過蜿蜒曲折的長廊和迴旋起伏的樓梯，終於來到主展覽廳。正中央擺放著一座巨大的宮殿模型。一位年輕的導遊滿懷自信地問：「你們知道現在我們身處何處嗎？」一邊指著模型挑戰我們。我毫不遲疑地指出了正確位置，她頓時驚訝萬分，脫口而出：「你來過這裡？」

她顯然不敢置信，因為這宮殿規模極大且路線複雜，她本以為這樣的問題可以難倒我們，沒想到遇上了我這個方向感極佳的工程師。當我東轉西繞、上上下下時，心中早已默默記下行進的方向與距離，一看到模型，立刻就能回溯到我們當下的位置。看來今天她遇上了「科學家體質」的人了，我們這種人，凡事都得有條有理、講得出原因來才行！

第二十章　異域風情：眼界決定格局，胸襟決定氣度

有一次，我受邀前往克羅埃西亞的杜布羅夫尼克（Dubrovnik）參加一場會議並發表演講，一到達便為這座城市的美麗所驚豔。這個中古世紀的小城，彷彿童話世界裡的仙境，依海而建，整座城市被童話般的古老城牆圍繞，城內的房屋和街道皆由石頭砌成，完完整整保留了濃厚的中古世紀風貌。許多房屋臨海而立，可見亞得里亞海一向風平浪靜，難得有大風大浪。海水湛藍澄澈，水溫適中，既不冰冷也不炙熱，難怪遊客們紛紛在海中嬉戲。

這一帶曾是南斯拉夫的一部分，當時在蘇聯體制中屬於最富庶的地區。隨著強人逝去，民族和宗教的分裂讓這片土地分裂成數個國家，戰火連綿，打了一場殘酷的內戰。杜布羅夫尼克當年也曾被塞爾維亞部隊從山上砲擊，至今當地的克族人對塞族人仍存有深厚的敵意。

那次會議來了兩位正在美國留學的塞族學生，他們到餐廳用餐，點了一道菜，服務生說「今天沒有材料」，再點另一道，也是「沒有材料」，連續幾次皆是如此，他們便心知不受歡迎，默默離去。我好奇問他們，服務生如何知道他們是塞族人？原來雖然語言相通，但口音各異，一聽便知對方來自哪個族群。

離開杜布羅夫尼克後，我搭渡輪沿亞得里亞海北上，一路所見皆是宛如仙境般的中古世紀小城與島嶼，星羅棋布，美得令人屏息。船上與我同座的是一位居住在克羅埃西亞的塞族人，他熱心地沿途充當導遊，介紹各個小島和小鎮。他指著其中一個小島說，那裡聚集了許多國際巨星和富豪，他們都在此置產。當然，他一路上也不忘對克族人評頭論足、說盡壞話。每個地方都有自己的歷史包袱與民族恩怨，外人難以置評，只能靜靜聽著這些沉重的過往。

　　第一次踏上土耳其的伊斯坦堡，是在 1999 年參加信號處理學會年會。這座城市在歷史上有著無與倫比的重要地位，曾是奧圖曼帝國的首都，也是唯一一座橫跨歐亞大陸的大城，坐落在連接黑海與地中海的重要水道之上，不僅地理位置關鍵，自然景觀也極為壯麗。站在旅館高樓遠眺，只見河水滾滾西流注入大海，景色壯闊動人。

　　這裡承載著基督教與伊斯蘭教千年來的衝突，也見證了西方與近東的政治角力。當時的土耳其經濟尚未起飛，我剛下飛機用一百美元兌換，瞬間成了「百萬富翁」，第一次感受了手握百萬現鈔的滋味。

大會晚宴上安排了土耳其民族舞蹈表演,沒想到我的希臘學生卻笑著對我說:「那不是土耳其舞蹈,是我們希臘的民族舞呢!」其實,這兩個比鄰而立的國家,歷史上愛恨交織,恩怨情仇說也說不盡。希臘曾被奧圖曼帝國統治四百餘年,即使至今,仍難完全釋懷。

土耳其與中國也有深厚的淵源。我的土耳其學生告訴我,土耳其的歷史課本上記載,中國的長城正是為了防禦他們的祖先而建。那時,他們的祖先曾居住在中國邊境,後來一路西遷至今日的小亞細亞地區,也就是中國史書中記載的「突厥」。我笑著對他說:「那麼,你的祖先和我的祖先在漢朝時期可是世仇呢!」我們相視一笑,這些歷史恩怨早已隨風而逝,留給後人一聲輕嘆罷了。

我第一次到雅典是在 2001 年,因為到得早,便獨自在飯店吃晚餐。老闆問我:「你要水還是酒?」在歐洲,餐廳供應的水多半是帶氣泡的瓶裝蘇打水,和美國常見的冰水大不相同。美國人到歐洲餐廳想要冰水,卻往往只能喝到氣泡水;反過來,歐洲人到美國餐廳要氣泡水,也只會得到自來水加冰塊。我那天想喝冰水,果然沒有,點一

瓶氣泡水竟要五歐元。我隨口問老闆：「那酒呢？」他說：「一壺一公升的酒，只要三歐元。」我一聽，竟然酒比水還便宜！老闆笑著解釋：「酒是我們自家釀的，自然便宜。」雖然我酒量不佳，看在錢的份上，就點了一壺，一邊喝著，一邊不覺酩酊微醺。

那時朋友帶我去喝了有名的土耳其咖啡，那種咖啡濃郁且不過濾，喝完之後把杯中的咖啡渣倒扣出來，相命師便能從渣痕中解讀命運。兩年後我再次來到雅典，又去了同一家店喝咖啡，這回卻改名叫「希臘咖啡」了。我問朋友這是怎麼回事，他說：「現在民族意識高漲，只能叫希臘咖啡，不能再稱土耳其咖啡了。」

我發現，希臘和中國一樣，都是文明古國，有許多相似之處。比如馬路上的交通看似混亂無序，但是又忙中有序，「事事關關難過關關過」。計程車文化也別具特色。有次搭車時，路邊有人招手攔車，司機竟然停了下來，和那人說了幾句我聽不懂的話，接著那人就直接上車坐到前座。我急忙抗議：「我還沒到呢！」司機淡定地說：「順路，不會繞路，也不會多收費。」我問：「那費用怎麼算？」司機說：「你付你的，他付他的。」雖然聽得一頭霧水，但這就是希臘特有的共享計程車文化吧。司機的英語也不太好，只能半猜半懂，最後也只能無奈接受了。

大概是因為氣候宜人，地中海沿岸國家的作息和飲食時間都與其他地方不同。希臘的食物非常美味，甚至頗有中式料理的影子，只是沒那麼油膩。記得有一次，希臘第二大銀行的大老闆們邀我參加一場正式會餐，約好下午兩點半見面，三點才正式開席。朋友拿出一瓶男士香水，稱之為「cologne」，四處噴灑，還問我要不要來一點。據說這是正式場合的禮節之一，我也入境隨俗噴了幾下。

晚上和朋友家人一起吃晚餐，快十點才到他家附近的一家獨院房子。我問：「怎麼連招牌都沒有？」朋友笑著說：「在希臘，真正好的餐廳大家心知肚明，不需要掛招牌。」坐下後，服務生久久才過來一次，動作慢得出奇。朋友解釋：「這裡希望客人一來就坐上大半天，如果太快走了，反而會被認為不喜歡這裡。」這倒真與美國的餐廳文化大相逕庭，美國餐廳恨不得客人吃完立刻離開，好迎接下一輪客人，多賺些小費。我好奇問朋友：「那你們早上幾點開始上班呢？」他回答：「跟美國一樣，早上九點啊。」我聽了也只是笑笑，心想，過這樣悠哉生活的人，哪可能按時朝九晚五呢？

地中海沿岸的生活節奏確實不同。以前在埃及，朋友邀我去家裡吃飯，也是約下午兩點到，一頓飯吃到五點才散。還有一次在葡萄牙開會，想買電池，卻發現電器行門

口掛著「一點到三點午休」的牌子。原來地中海國家的正餐是在下午二、三點吃，晚餐則簡單隨意，大約八、九點才開始，只吃個簡單的 supper，也就是簡餐的意思。

說到葡萄牙，這個國家位於歐洲的邊陲，有著樸實的人文氣息。因為 JM 是葡萄牙人，加上我有幾位朋友在那裡，所以去過好幾次。相比其他歐洲人，葡萄牙人少了些張揚，多了份內斂樸實。他們的飲食文化同樣精彩，不輸法國和義大利的地中海料理，只是他們不擅行銷推廣，名氣沒那麼響亮。

伊比利半島曾被阿拉伯人統治七、八百年，至今無論是食物、建築還是語言，都留下了濃厚的阿拉伯印記。事實上，葡萄牙人曾是海洋上的霸主，連哥倫布都被認為是葡萄牙人，在里斯本還有他的銅像呢。葡萄牙是第一個與東亞通商的西方國家，途經台灣時還賦予了「福爾摩沙」──美麗之島的美名。他們也是最早與日本通商的國家，將西方的槍砲帶進日本，開啟了日本西化的契機。

在京都開會時，我和日本及葡萄牙的教授們聊到，「Arigato」這句日語的「謝謝」，其實源自葡語的

「Abrigato」。可能當年做生意經常說謝謝，日本人便直接借用了這個詞。但由於日語沒有「bri」的發音，就變成了「ri」音，另一個佐證是「Arigato」並無漢字來源。同時，葡式料理中的「tempura」和「croquette」也早已融入日本，成為日式洋食的經典。

唯一葡萄牙人帶來而日本人不太接受的，大概就是辣椒了。相傳十八世紀末，日本入侵朝鮮半島時，隨行的西洋傳教士帶去了辣椒，結果辣椒大受歡迎，天主教也隨之廣泛傳播。

葡萄牙也是最早與中國接觸的西方國家，「Chinese」和「Japanese」中的「-ese」正是葡語用來指稱人的語尾。當時中國正值大清帝國，葡語應稱中國為「Chine」，而拉丁語習慣將國家以女性名詞結尾，加個「a」變成「China」，唸作「Chin-na」。到了英語中，剛好與「china」瓷器的讀音相同，於是大清帝國的英文名稱便與瓷器的發音畫上了等號。直到今日，中國的英文國名仍是大清國呢，只是少了個「帝」字罷了！

說到日本，日本朋友曾對我說，日文的文法和中英文

大不相同，不是主詞在前、動詞在後，而是完全相反。正反、同意與否，全在句子的最後才揭曉。一句話必須耐心聽到最後，才能知道是肯定還是否定，接受還是拒絕。因此，日本人往往比中西文化圈的人更具耐性；不像中英文，話說到第二個字就已經開始吵架了，不必等對方說完。而在日語中，非得等完整表達結束才能下結論，這也讓日本人聽來總是顯得格外有禮貌且耐心十足。

當時在場還有一位土耳其人，他將土耳其語與日語作比較，發現文法也極為相似。蒙古語和韓語也有類似結構。土耳其人笑說，他們的祖先正是從中亞遷徙至小亞細亞的突厥人。這樣一來，土耳其、蒙古、韓國和日本之間，竟在語言上繫起了橫跨千年的歷史連結。

由於父親曾在日本行醫，那裡也是曾祖母的故鄉，因此我們經常造訪日本。父親每次都會安排前往各大名湯，享受純正的日式泡湯文化。我們最常去的便是箱根，位於靜岡縣富士山腳下，風景秀麗，泉水清澈甘冽，遠遠還能眺望富士山的壯麗身影。泡湯，是我在日本最鍾愛的享受。日式溫泉男女分池，人們坦然相對，各自在不同的溫泉池裡靜靜放鬆。冬天時，戶外的溫泉池有冷有熱，各自風情別具，別有一番趣味。泡完湯後，還能享用一頓豐盛的日式料理，盡情洗淨旅途的疲憊。翌日清晨，再來一份

精緻的日式早餐,每每如此,總讓人流連忘返。只要有機會造訪日本,我們幾乎都不會錯過各地的溫泉會館。

日本人雖然內斂有禮,但吃起湯麵來卻大異其趣。若是沒有「唏哩呼嚕」地大口吸食,那碗麵就彷彿少了靈魂。麵一端上來,日本朋友總會先說聲「失禮了」,然後便開始大聲吸食起來。這種坦率直接的吃法,竟成了另一種風雅。

我在京都大學有一位好朋友,曾多次邀我去演講。一天下來,他會帶我去京大旁的一家懷石料理小店。這家小店沒有菜單,他與店裡的師傅們熟稔至極,只需坐下便開始用餐,不必點菜,一道道小巧精緻、宛如藝術品般的料理接連上桌。師傅依照四季時令變換菜色,每一道都是當季最新鮮的食材。我那朋友似乎從未多問,任由師傅自由發揮。這樣的日子,實在閒適愜意,別有一番風味。

從小便沉醉於《一千零一夜》的童話故事,對阿拉伯世界總有一份神秘的憧憬。有一天接到邀請,參加阿拉伯聯合大公國(UAE)大學的博士論文口試委員會,我便欣然應允。U 大位於距離杜拜一、兩小時車程的大學城,一

名司機從杜拜機場來接我，一路上開著高速公路，兩旁盡是氣派的豪宅。據說只要在杜拜出生的阿人，政府便會送一棟這樣的房子。途中司機說要停下來買茶喝，問我要不要。我們便一路喝著加了薄荷葉、檸檬和蜂蜜的阿拉伯茶，別有一番風味。

剛抵達鎮上時，司機指著馬路對面說：「那邊就是阿曼了。」我驚訝地問：「真的？這裡沒有國界標示嗎？」司機淡淡一笑，這種沒有明顯邊界的鄰國風情，還真讓人新鮮。

當地的旅館如同皇宮般金碧輝煌。傍晚時分，U 大的老師帶我參加一場為即將離任的老師舉辦的燒烤送別會。這裡白天高溫動輒攝氏 46 度，戶外活動幾乎都等到太陽下山後才開始。我們一路開車上山，山上涼爽些。沿途兩旁盡是浩瀚的大漠，遠遠望見筆直的路燈直通天際，如同兩列通天的燈塔，與周遭漆黑的沙漠交織成一幅壯麗的畫面，讓人恍若身處天堂之路。

在山頂的停車場，老師們準備了烤肉串，邊烤邊吃。那是我印象中吃過最好吃的中東燒烤，肉質鮮美，香氣四溢。老師們都是約旦人，為一個退休回約旦的同事席別。阿聯酋雖富裕無比，但來這裡工作的人卻有說不出的心酸。儘管他們才華橫溢，根據當地法律，UAE 公民在同

樣職位上的薪水卻是外國人的兩、三倍。

隔天口試時,一位女學生準備答辯,我便伸手跟她握手稱讚。不料其他老師事後告訴我,這在當地可是大忌,男女授受不親,我這是不合禮節。不過好在「不知者無罪」。原來在這裡,不僅從小到大,連大學與研究所,男女學生都分開授課。杜拜街頭盡是令人讚嘆的摩天大樓,而在這樣的現代化表象背後,傳統文化與現代商業的強烈反差,無不突顯出深刻的矛盾與衝突。

2016 年,IEEE 董事會安排了一趟印度參訪之旅。行前,印度同事千叮萬囑:在印度,所有飲食與盥洗都必須使用瓶裝礦泉水,連刷牙也不例外,洗澡時嘴巴務必要緊閉,避免不慎將水吞入口中。因為當地污水處理設施不佳,人畜常在空地隨意排泄,水質極差,外國人沒有抵抗力,極易感染腸胃疾病。尤其是生食如沙拉類的食物更是絕對不能碰。聽來有些駭人,但親臨其境後,這些忠告都一一應驗。道路經常塞得水洩不通,人群熙攘之間,總能見到有人當街大小便,水源污染的問題一目了然。

我們首先抵達孟買,這裡被譽為印度的「紐約加好萊

塢」，不僅是印度經濟與影視產業的中心，更是全球電影產量最高的城市，被稱作「寶萊塢」（Bollywood）。我們下榻的 Marriott 是五星級飯店，站在窗前往外望去，眼前卻是一大片貧民窟。擁擠狹小的棚屋亂無章法，許多甚至連屋頂都沒有，只用藍色塑膠布遮蔽，與我們所住的豪華飯店形成極其強烈的對比與諷刺。

我們參觀了幾家大公司和印度理工學院（IIT Bombay）分校。原本對久聞盛名的 IIT 滿懷期待，實地一看卻大失所望。校舍破舊不堪，油漆剝落，建築年久失修，讓人很難相信這竟是全球聞名的頂尖學府。走進洗手間，每個馬桶旁都設有一個水龍頭和盆子，卻不見衛生紙。果然左手在這裡是專門用來清潔的工具，這也難怪出發前，IEEE 同事再三提醒：在印度千萬不要用左手和人握手，也不要用左手遞食物，那是極大的不敬。

之後我們又前往有「印度矽谷」之稱的班加羅爾，參觀了印度科學院。逐漸理解到印度南北的差異不僅體現在語言上，更在於文化、飲食與風俗習慣的不同。印度歷史上並無如中國秦始皇般的大一統，沒有書同文、車同軌的歷史過程。今日的印度，更像是一個從英國殖民者手中繼承而來的多元聯邦體制。難怪我的印度同事經常說，來自不同地區的印度人往往彼此之間並不友

好,甚至常常互相爭鬥,比對外人還兇。

印度人表示贊同時,常會將頭左右晃動。起初我還誤以為這是表示反對或困惑,直到習慣後才明白,這正是他們特有的肢體語言,那幅快速擺動的動作,正是我們所習慣的「好」與「同意」。

我曾多次造訪新加坡,每次來都對這座城市的整潔與秩序讚嘆不已。尤其是約七成的居民是華人,可謂華人社會治理的典範。新加坡聚集了來自中國南方各地的移民,廣東、客家、福建各種方言此起彼落。有一次搭計程車,一路用台灣話和司機聊得甚歡,下車時我好奇問他祖籍何處,以為他會說廈門或漳州,不料他笑著說:「我是潮州人!」新加坡各種獨特的南方方言交織,也形成了獨樹一幟的「Singlish」(星式英語)。這種英語我經常聽得半懂不懂,還得請新加坡朋友幫忙翻譯解釋。

第一次到南美參加會議,已是我擔任 IEEE 會長時

期。讓我驚訝的是，南美人個性開朗熱情，每逢晚宴或會議中場休息，隨時隨地都能即興跳起舞來。我在 IEEE 三十多年，從未在其他地區見過如此生動活潑的景象。反觀美國開會，大家穿著襯衫牛仔褲隨意輕鬆；歐洲則習慣套上西裝外套；到了日本，則必定衣冠楚楚，領帶一絲不苟，任何場合皆極為正式。我的日本朋友見我少戴領帶，還以為我沒有，好心說要送我領帶呢。

IEEE 是個大家庭，沒有誰是主人，每個人都是主人翁，輪流做東。我們說英國人的英文帶著濃濃的英國腔（真的！），美國人則南腔北調，紐約腔、南方口音各有特色。更別說來自德國、法國、西班牙、義大利、希臘、日本、中國、韓國等地的各國口音，真可謂五花八門，應有盡有。在這樣的環境裡，沒有人會因為姓氏或口音而感到格格不入，也正因如此，我在 IEEE 裡總覺得格外自在，這裡是我的專業家園。

記得剛進入董事會開會時，連續四、五天吃著清淡無味的歐美餐點，五臟廟實在受不了。我們幾個來自亞洲的代表，常常約在一起尋找亞洲料理解鄉愁。中、日、韓、越南、新加坡、泰國料理都好，只要有亞洲味道就行。有一次，先去啤酒屋買了一大桶生啤酒，接著直奔一家韓國餐廳，由韓國同事點菜，大夥便大快朵頤、唏哩呼嚕吃得

不亦樂乎。一位日本朋友才吃一口,就滿臉幸福地大聲喊道:「我真快樂啊!」

我們這些「亞洲胃」,還真離不開那一股熟悉的醬香味和東方烹調的滋味。每次出國開會幾天下來,回到家必定要大啖一頓中式或亞太料理,才覺得真正活了過來。不然,五臟廟真要舉旗造反了!

我第一次踏上中國大陸,是在 1992 年。當時的北京機場還只是一座小型建築,下了飛機直接就到了地面,再走進一座簡陋的小樓房,行李轉盤就在眼前。沒有高速公路通往市區,也還沒有幾環環繞的快速道路,聽說正準備興建。城裡除了幾間所謂的五星級飯店,幾乎看不到高樓大廈。我們是受外專局邀請的訪客,入住古色古香的友誼賓館。除了前往釣魚台國賓館見副總理,還與北大、清華和中科院交流。那時學界流行一句話:「傻博士、窮教授。」改革開放初期,知識分子普遍貧困,唯有放不下理想的「傻人」才會選擇投身學術研究。

還安排了遊覽長城,剛出北京市界,迎面而來的是用土牆築成的房子,隨處可見牛車滿載農作物。這一幕幕,

與今日北京高樓林立、現代化都市的景象相比，恍如隔世。然而這種翻天覆地的變化，不過短短二十年間。如今的北京已經擁有六環快速道路和一座世界一流的國際機場，完全認不得昔日模樣。相較之下，華盛頓早在 1960 年代就有一環高速公路，吵了幾十年，到現在還是只有那一環！

那時也曾造訪上海，當時浦東正剛開始動工開發。市區裡車輛寸步難行，不同於今日的堵車，那時候是滿街的自行車和人潮擠得水泄不通。朋友帶我去他位於淮海路的住處，自豪地說這裡是上海的精華地段。可他家竟與另外五戶人家共用一個廚房和衛浴設備，而且那房子還是二十世紀初的老建築。當時不禁感慨，這就是上海人對價值的獨特經濟哲學：寧可犧牲生活品質，也要爭取地段的優勢。

2005 年我再訪上海，應邀參加一場 IEEE 國際會議發表主題報告。這時的上海已完全現代化，比紐約還要摩登。我們在國際飯店開會，那曾是民國初年的地標建築，至今依然保留著往日的風華。飯店位於南京西路與南京東路的交界，對面就是人民公園，是老上海最繁華的地帶。

會議期間，我在飯店一樓客廳遇到一對來自西安的師生，在販賣書法字畫。一問之下才知道，她們來自一間畫

院,這趟專程來上海籌募經費,院長託文藝界朋友提供書畫讓她們售賣。她們說,從西安坐了十幾個小時的硬座才來到上海。我一向偏好中式書法和國畫,家裡的牆壁因為一直沒有找到合適的畫作,已經「家徒四壁」多年,這次正好打算添置幾幅。第二天再去找她們時,小女孩已累得趴在桌上睡著了,看起來年紀和我家女兒差不多。原來師生倆輪流守攤,來了兩三天還沒機會出去南京路逛逛。我便把這次會議給我的上千美元演講費和路費全數用來買了約十幅字畫,也算是為這間學校盡點心力。當然,我對買到這些文藝作品也十分滿意,家裡的牆上終於添了不少文人氣息。

我對西湖情有獨鍾。記得 2005 年 10 月中旬秋高氣爽,趁著在浙江大學開完會的空檔,獨自前往西湖閒逛。我在蘇堤來回走了兩趟,又登上了雷峰塔,搭小船遊湖登上小島。那十月的西湖甚美,湖映楊柳背堤,遠山煙景繚繞,點綴著許多不知名的寶塔,彷彿置身仙境。不知不覺走了十幾公里也不覺疲憊,最後上了「樓外樓」大啖江浙美食,心中暗想,人生享受,不過如此。

1992 年第一次到西安歷史博物館時,我還納悶地問導遊:「怎麼蓋成日本建築呢?」導遊笑說:「這是唐式建築,日本至今仍完整保留了這個風格。」陝西到處皆是

文化遺產，那氣勢磅礴的兵馬俑更是令人讚嘆不已。西安的各式民族異域美食也是我這個老饕的最愛。不過我在西安的「飲食之旅」卻沒那麼順利。第一次來吃了羊肉泡饃後，上吐下瀉，省長請客都爬不起來。第二次心想自己吃遍天下，身經百戰，應該沒問題了，果然安然無事。沒想到第三次帶著日本朋友再戰羊肉泡饃，結果重蹈覆轍，隔天回美國的飛機上一路躺平，什麼都吃不下。第四次到西安，我乾脆直接掛上免戰牌，俯首稱臣了。

中國地大物博，人更多。就是到了三千公尺的九寨溝和黃龍瀑布，人都比樹還多，照相起來背景並不是那青山綠水，而是人山人海。所以排隊是生存的一大學問，所謂「物競天擇，適者生存」，當真一點不假。

有一次在北京國家會議中心開會，就住在緊臨會場的酒店。早餐時，我向廚師點了一個煎蛋，便站在旁邊等著。煎蛋剛起鍋，師傅正要遞給我，我伸手欲接之時，旁邊來了個婦人，一手就接了過去。我瞪她一眼，她不在乎地說：「我要去趕飛機！」廚師無奈，只好說：「我再給你煎一個。」這時又來了一位中年男子，站在我身旁盯著那顆蛋。我氣在頭上對他說：「請排隊，這蛋是我點的。」他竟回我：「是這樣嗎？」我衝著他說：「難道你想用搶的？」他摸摸鼻子，只好默默排到我後面。

當天下午準備從北京機場回美國，排隊出關時，我是下一位等著，前面的人剛辦完離開，我正要向前，後面三、五人外的一位中年男子拎著公事包，竟直接大搖大擺向前走去。我拉住他說：「先生，請排隊。」他竟轉身大聲說：「你想打架嗎？」我指著他對周圍的公安說：「這個人沒有排隊。」在眾目睽睽之下，他自覺無趣，只好乖乖走回隊伍，我上前去，那海關官員冷冷丟下一句：「別理這種人。」見怪不怪，倒也成了一種生活哲學。

早年到大陸，無論帶多少名片都不夠用，見面交換名片成了基本禮節。疫情過後再訪，我特別多帶了些名片，沒想到卻一張都沒用上。如今大家見面第一件事就是拿出手機，互掃微信加好友。從過去的名片紙張到今日的手機掃碼，這種數位化轉變的速度，令人驚嘆不已。

更別說，這次在機場肚子餓想買點早餐，看著琳瑯滿目的南北美食大快朵頤的衝動油然而生。可是我的美金、人民幣及信用卡統統沒管用，沒有店家要收，只有手機的支付寶能餵飽肚子，當時還沒有下載，只能餓肚子了。中國的數位化走在世界前端，但我心裡忍不住想著：萬一哪天雲端伺服器當機了，那機場豈不成了「餓鬼天堂」？

廈門是我所見過最具自然美的中國城市。初到廈門，彷彿回到了台灣。廈門、漳州的口音與台灣幾乎一模一

樣，連市井間的三字經也如出一轍，原來這些話並非「台灣製造」，而是中華文化的傳承。這裡的山水風光也與台灣極為相似。由於過去長期作為戰區，少有高樓大廈，也沒有現代化帶來的污染。曾幾何時的戰地劣勢，如今反倒成為保有自然美景的優勢。

我下榻的飯店正對著金門島。清晨，太陽剛升起時，遠遠望見海平面微微突起的山巔，隔著一片寧靜的海面，反射著初陽的萬千金縷，上面布滿著一艘一艘的漁船，多麼安詳平和。兩岸之間，看似如此之近，卻又如此之遠……

每次飛回台灣，一下飛機空氣裡便瀰漫著熟悉的味道，那獨特的中式料理醬香混合著油煙味，再加上海風帶來的潮濕氣息和泥土的氣味，有一種莫名的熟悉，馬上就知道我回到台灣了。到了台北，自從遊遍世界各地，會覺得那街道兩旁因潮濕而顯得暗色褪灰的外牆，和那不太協調的道路規劃給人醜醜的感覺。但對我來說，這個「醜小鴨」般的城市卻帶著最貼心的溫暖。因為正是在她的庇護下，我成長茁壯，走向了世界。我沒有資格回來說她醜，

也許，這正是她最可愛的地方──一塊謙卑的泥土地，卻孕育出最美麗的花朵。

當飛機緩緩降落時，機上播放起那首小時候人人都會唱的台灣民謠：「天黑黑，要落雨，阿公啊挾鋤頭去掘路，掘啊掘，掘啊掘，掘到一隻鑽泥鰍⋯⋯」這首歌唱著這片土地上人們的掙扎，也唱出他們面對命運時依然能從中取樂的精神。當旅客們興高采烈地拿下行李準備下機回家時，這位遊子歸人早已熱淚盈眶。我，又回到這片曾經屬於我的土地上了。

第二十一章
無線感知人工智慧：從通訊到感知的躍遷

時間反轉理論與無線通訊技術的結合

2009 年的一天，一位從事光學的蘇格蘭物理學家來找我。他說，DARPA 希望解決潛艇內無線通訊的難題。因為潛艇為防止局部漏水影響整艘船，設計了大量防水隔間門閥，加上船身全為鋼鐵結構，在這種環境下無線通訊效果極差，電磁波多路徑（multipath）問題嚴重，當時並無已知技術可以克服。他希望運用時間反轉物理來解決，因此來找我這位無線通訊訊號處理的專家。

我當時感到好奇。我曾試圖將時間反轉應用於無線通訊，事實上也有不少人有類似想法，但進展有限。說實話，我們對時反的認識僅止於皮毛，只能提出一些膚淺的想法，難以實現具體成果。

我坦率地問他：「為什麼你認為現在可以做得到？」

他回答:「要實現時反,必須能觀察到大量的電波多路徑,以前無法做到,但現在不同了。無線電波的頻寬足夠,時域解析度提升了,更重要的是半導體晶片的技術已能實現高速類比與數位訊號轉換,因此時反的實現已是水到渠成。」

他說得沒錯,那時確實已可用商用電波元件來實踐時反,只是沒人知道這技術在現實環境中是否有效。若DARPA願意出資驗證,當然再好不過。

我們設計了極寬頻的發射與接收器,採用最新最快速的模擬與數位轉換技術,一個面板的成本高達一萬五千美元。雖然價格昂貴,但這極寬頻且高速的設計讓我們收集了大量數據,證明時反的概念是可行的。即便在一般室內外環境中,只要有足夠的多路徑訊號,效果甚至比一般技術提升了四倍。這項結果提交給DARPA後,後續的軍事應用便成為機密,我也不再過問。

此後,我對時反物理充滿了興奮與期待。以簡單的道理來說,若發射端送出一個脈衝訊號,在外太空中,接收端只會接收到單一脈衝;但在室內環境,由於牆壁與各種裝潢物的反射和折射,接收端會收到來自各個角落的多路徑訊號。這些訊號成千上萬地環繞在我們周遭,只是我們未曾察覺。由於電波以光速行進,如果通訊設備的頻寬不

足,就無法解析時間軸上快速到達的多路徑訊號。而在無線電頻率上,當時正是首次具備足夠頻寬來觀察到足夠多路徑的時機。

時反物理的原理是:接收端將接收到的多路徑訊號,按照最後到達的訊號先送回,依序從後到前逐一送回,最終送出最先到達的訊號。這些回送的訊號不僅會同時到達發射端,且完全同相位產生加成效果,能量因此聚焦。透過時反過程,無線傳播中的失真可完全互補,這是純數位演算法絕對做不到的事。

我深深被這種美麗的物理現象吸引。畢生從事訊號處理工作,從未見過演算法能輕易達成時反所能實現的效果,而我也親身透過 DARPA 計畫驗證了時反在一般室內環境的可行性。然而,直到今天,時反物理仍然鮮為人知,即便有些科學家了解,也僅止於實驗室或軍事用途,尚未有人將它帶入日常生活。這成為我心中的一大課題:如何讓這美麗的物理現象嘉惠人類生活?

當第五代無線通訊(5G)的概念萌芽時,我立刻意識到時反的重大應用潛力。5G 的大頻寬正好能觀察更多多路徑,讓時反發揮作用。尤其在人潮密集處,WiFi 的效能往往不足,而時反透過聚焦效果能將使用者區分開來,大幅提升可支援的用戶數量。這項技術必須透過工程

第二十一章　無線感知人工智慧：從通訊到感知的躍遷

團隊實作驗證與數據收集，因此我創立了一家新創公司，開始開發這項技術。

原來無線電波也能感知世界

我們在馬里蘭大學的育成中心展開公司營運，幾位過去和現在的學生也加入了行列。第一件事就是將原本為 DARPA 設計的面板功能，實際整合到 FPGA 小晶片中，以證明這個想法可行，且具備商業化潛力。光是這項工作就花了我們一年多的時間。我們實際測試並證實，時反聚焦現象在一般室內環境下確實可行。在 WiFi 5.4GHz 頻道中，這個聚焦球的直徑約一到二公分。這也驗證了，即便在使用 WiFi 頻寬的情況下，若有大量用戶存在，時反的聚焦能力依然能將所有用戶區分開來，大幅提升使用者容量。

我們進一步將這個概念實現於視訊傳輸上。一個發射器與接收器分別設置於兩個房間，彼此看不見且相隔遙遠，卻能順利傳輸視訊訊息。然而，只要位置稍微偏離一、兩公分，訊號便立即中斷，完全符合我們的預期。大家正為這項成就歡欣鼓舞時，我突然心中一閃，驚訝地說：「且慢！你們知道嗎？我們無意間解決了困擾全球幾十年的室內定位難題！」

是的，半個世紀以來，全世界都在追求精準的室內定位技術，卻始終無法突破瓶頸。為什麼？問題正是出在多路徑效應。室內環境充滿多路徑反射，導致嚴重干擾。在非目視範圍內，基本無法達到低於一米的定位精度；即使在目視範圍內，也只能維持在幾十公分到半米之間。大多數方法仰賴三角測量法，就像衛星定位一樣，透過三個方向計算一個定位點。但每個場景的多路徑干擾都不同，因此沒有一種方法能在所有環境中保持良好表現。一米的精度幾乎成了無法打破的魔咒。

然而，時反物理恰恰相反。我們將多路徑視為朋友，多多益善，因為多路徑越豐富，時反的效果越好。這與是否處於目視範圍內無關，任何情境下，都能達到一至兩公分的定位精度——如果使用 WiFi 頻率的話。這是一項劃時代的突破！以前科學界總想消除多路徑效應，但事實上，每個場景的多路徑分布都不同，根本無法有效減少或消除。

我的觀點完全顛覆了傳統科學看法。每一個多路徑反射，實際上就像一個虛擬感測器。我們周遭充滿了成千上萬個看不見的虛擬感測器，它們各自感知著環境訊息，只是我們過去不知道如何加以利用。而如何控制這些虛擬感測器？答案正是時反物理。透過時反，我們可

以讓所有虛擬感測器在完全相同的相位下產生完美的加成效應，能量因此聚焦，為我們提供了操控多路徑達成各種目標的方法。

這個概念帶來了成千上萬的自由度，而非傳統三角測量僅有的三個自由度。更重要的是，應用時反技術時不再受限於目視距離，時反物理本質上「消除了」我們之間的時空障礙物，無論是牆壁、桌椅，全都形同虛設。我們透過時反，可以精準地找到彼此的位置，多路徑越豐富，效果越好。這就是為什麼我們能打破困擾幾十年的「一米定位魔咒」。

我們的突破並非刻意為之，而是無心插柳柳成蔭。真正的關鍵，在於長年嚴謹的科學訓練，讓我能一眼看出這項無意間的發現，正是解決數十年來難題的關鍵。

讓 WiFi 變聰明，開啓全新生活方式

2017 年，在 IEEE 年度信號處理大會上，我受邀發表主題演講，當場在三千多人面前，現場即時示範了這套定位技術。我告訴觀眾：「你們現在看到的，是我們終於解決了困擾幾十年的室內定位難題。」全場頓時掌聲雷動，響徹會場。

為了便於展示，我們設計了一組玩具火車模型，鐵軌圍成約兩米乘一米的矩形。我們將發射器放置於火車上，伸出一根約兩公分長的天線，在二十米外，隔著三個房間與三道牆的位置，也設置了一個接收器，同樣配有一根小天線。即便如此，接收器仍能即時追蹤火車天線沿著軌道運行的精準位置。這正是幾十年來無數科學家夢寐以求卻無法實現的技術突破。

　　有一天，Sprint 公司的室內定位專家親臨現場觀看實驗。他無法置信眼前所見，索性站在鐵道旁拼命揮動手腳，甚至擺出各種誇張動作，但無論如何都無法影響火車定位的準確性。看著這一切，他深深折服，最終成為我們的投資者之一。這正是時反物理的強大之處：即使部分自由度被干擾，只要剩餘的自由度足夠，就能維持高精度定位；不像傳統三角測量法，只要一個方向受干擾，系統便立刻失效。

　　有一次實驗中，一個人打開門走進來，定位瞬間失敗。我們請他關上門，定位又立刻恢復。這意外的發現讓我們靈光乍現：我們能否透過無線感知技術，來偵測門窗的開關狀態？原來，只要大的環境改變，例如門窗開關，會影響時反聚焦的狀態。若能辨識出不同聚焦點對應的環境狀態，就能精準掌握周邊變化。

從此,我們的研究從單純的定位邁向感知。我們不僅能偵測環境變化,還能隔牆識別不同的人。我們的技術不需特殊硬體,僅用普通的 WiFi 設備便能實現。事實上,任何無線訊號,如 LTE、5G 甚至 6G 皆可應用,但 WiFi 普及且易於部署,是最理想的選擇。

　　我一直對這個「時反聚焦球」充滿好奇。物理學家認為它只是一個點,但我觀察到的卻是一個直徑一到二公分的能量球(以 WiFi 5.4GHz 頻率測得)。當頻寬不足,或觀測到的多路徑訊號不夠多時,這個球會呈現雲霧狀。因此,我開始懷疑這個球可能並非實心,而具有某種內部結構。我指導一位新進學生深入探究這個問題。經過一番努力,我們最終證明這個聚焦球的能量分布符合 Bessel 方程式,具有特定的結構。這一發現不僅大大推進了時反物理的理論,也顛覆了過去認為聚焦只是一個點的認知。

　　在室外空間,從 GPS 導航到飛機、飛彈甚至天文觀測,多普勒效應一直是測量速度的經典方法。然而,到了室內,面對大量障礙物和多路徑反射,多普勒效應便失去了效用。這也是室內應用長期缺乏有效解決方案的主因之一。而我們的時反效應,恰恰相反,多路徑愈多,效果愈好,聚焦球也愈清晰穩定;反之,在室外缺乏多路徑的環境下,時反便無法發揮作用。

透過這個能量球的移動分布,我們能精確掌握人在室內行走的距離與速度。多路徑愈豐富,測量效果愈好,這完全顛覆了過去的科學認知。換言之,時反效應與多普勒效應互為補充:前者適用於室內多路徑環境,後者則適合室外開闊場域。時反為室內應用開啟了全新的技術路徑。

我們進一步應用這項發現,能在室內同時追蹤無數人員,甚至可偵測跌倒行為。因為跌倒是一種特殊動作,具有持續加速度直到撞擊瞬間產生四到五倍重力的反減加速度,而時反效應能清晰觀察到這一變化,因此可精確偵測跌倒事件。

當人在走路時,每個人都有獨特的步態,我們能清楚觀察步伐大小、步態變化與行走頻率,不需穿戴任何感測器。這些資訊可用來長期追蹤健康狀況,透過步態變化預測身體健康情形。而當人靜止時,我們甚至能感測到呼吸訊號,進而監控睡眠品質,還能區分出快速眼動時期的呼吸特徵。

更令人驚奇的是,我們甚至能隔牆辨識個體。因為每個人全身的體型、形狀與電波多路徑影響皆不同,這種差異性成為一種「多路徑生物表徵」,透過這些特徵,就能辨識出每一個人。綜合前述各種偵測與分析能力,我們已能實現過去難以想像的多元應用,這正是一種全新的「無

線感知人工智慧」，也讓科幻電影中的夢想成為現實。

要有創造性思考，必須跳脫既有範疇

記得有一次，我們受邀到 Qualcomm 總部，向他們的 CEO 和 CTO 展示這些技術成果。他們簡直不敢相信我們竟能做到這些事，因為他們曾投入無數的研究經費與人力，卻遠遠達不到我們展示的效果。他們當場召集了二三十位高層主管，幾乎全都是 VP 以上級別的高管，親眼觀摩我們的展示。

我們也應 Apple 之邀，到總部為他們負責地圖業務的副總裁展示室內定位技術。我們一到現場，拿到他們的室內地圖後，便開始在他們辦公室裡四處行走。坐在會議室的管理層們，能即時在螢幕上清楚看到每個人在何處、正往哪裡前進。這位副總裁看得目瞪口呆，連聲稱奇，他說他們投入了多年努力，始終未能達成如此精準的成果。臨走前，他還特別要求再看一次我們的 WiFi 裝置，一臉難以置信的模樣。我們也到多家大公司展示過，每次結束時，現場觀眾常會起立鼓掌，氣氛熱烈。許多企業領袖看完演示後都會問：「這是真的科學技術，還是科幻魔術？」甚至有人直接稱我們是「科技魔術師」，但不同的

是，我們展現的，是真真實實的科學技術！

這項技術最大的影響在於，過去我們提到「無線」，立刻聯想到的都是「通訊」──無線通訊。而我們證明了，無線電波不僅僅可以用來通訊，更能用來「感知」我們周遭的環境。這標誌著「無線感知」的啟蒙時期正式展開，也揭開了一場嶄新的「無線人工智慧革命」，如同三十年前無線通訊剛起步，然後歷經 3G、4G 直到今日的 5G 和未來的 6G。

我們之所以能做到這一切，正是因為我們掌握了時反物理的重大突破。未來的無線世界發展將以「感知型人工智慧」為主軸，為各行各業帶來革命性的改變。我們不僅能讓傳統的 WiFi 轉變為感知器，實現完全不需穿戴任何裝置的無侵入式感測，而且能讓使用者在自然環境中，即時感知周遭的人事物。正因如此，我稱「無線感知」為人類新的「第六感」，這是一種加乘於視覺、聽覺、觸覺、嗅覺與味覺之上的全新感知能力，勢必徹底改變我們的生活方式與福祉。

未來的 6G 通訊技術將進入毫米波頻段，在這個頻率下，定位精度將可達到毫米等級。屆時，大多數功能將與雷達類似，可直接透過目視距離進行各種感知應用，例如手勢辨識、人臉及身形影像呈現，以及各類聲音偵測與重

現。換言之，未來的毫米波 WiFi 將可能取代許多光學攝影機的功能，而不再需要真正「看見」人或物體。

我將這門大多數人陌生的時反物理，帶入了現實生活世界之中，它將無所不在地影響並提升我們的生活品質。一個全新的「無線感知人工智慧時代」即將到來。

在這場科學探索之旅中，許多重大發現和發明，往往來自於無意間的偶然，可謂無心插柳柳成陰。我們一開始只是想解決新世代 5G 通訊的瓶頸，卻意外發現並成功解決了全球幾十年無法突破的室內定位問題。隨著對室內定位的深入研究，也發現我們正在開發出一套全新的「無線感知基礎理論與技術」，實現了科學家數十年來一直做不到的夢想，而這一切，並非我們最初的目標。

正是因為我們從一個完全不同的思維出發，才能打破傳統方法無法突破的瓶頸。英文中常說「Think outside the box」，要有創造性思考，必須跳脫既有範疇。但要做到這一點，必須先能「Stand outside the box」，站在框架之外，才能看清如何重新設計並改變這個範疇。

科學的發展需要運氣，這在歷史上早已有無數例證。然而，最重要的是，我們必須具備足夠的訓練與素養，才能理解並認知到我們已經實現了重大突破。這才是關鍵所在。而要培養這種能力，需要長年累積經驗，以及敏銳的

觀察力與判斷力。

我們每天的努力和訓練,正是為了累積經驗,並豐富洞察先機的能力。當然,也不能讓自己被日常瑣事埋葬了。我經常做不同的戶外活動和運動,曾學過激流皮划艇與攀岩,也熱愛烹飪料理、種花植木與耕作,更不斷閱讀各類書籍,走訪世界各地,讓自己維持一顆敏銳的心。

回想起來,我忽地領悟到許多心中難題的答案,不是在辦公室裡,而是在紐約的街頭、東京的地鐵、飛機上,或是在夕照一望無際的沙灘上。最終,就是一顆敏銳的心來決定勝負和突破契機。

第二十二章
新創人生：用科技改變世界的夢想

從科學夢想到創業現實的第一步

我一直深深著迷於時反這門美麗的物理學理論，但直到現在，仍無人能將這項技術實際應用來提升我們的生活品質。我不斷思考，該如何將時反這項優美的物理現象帶入日常生活。我連續三年向美國國家科學基金會提出研究計畫，但都遭到拒絕。審查委員認為，時反技術不可能應用於人來人往的日常生活空間。這其實是科學研究審查的通病──階段性的研究成果容易被接受理解，而真正具有革命性的想法往往難以獲得認可。多數審查人缺乏前瞻視野，也不願冒險支持顛覆性的理念，更何況許多基金委員會擔心計畫若失敗便無法交出成果。

而真正要讓一項新技術實現並造福人類生活，必須依靠商業化和完整的工程團隊，而這並非學校環境所能達成

的。非洲有句諺語：「如果你想走得快，就一個人走；如果你想走得遠，就一起走。」在學校裡是自己帶學生一步步前行，但要發展一項真正能造福人類的技術，這是一條漫長的道路，必須大伙兒同行。

於是，我在 2012 年 11 月創立了 Origin 公司，其名「Origin」寓意來自時反過程中所有多路徑最終回到原點（Origin）聚焦的意象。同年底經人引介並接洽，有人已在台灣簽署投資同意書。我便於 2013 年 1 月在馬里蘭大學的新創育成中心註冊公司，租下兩間辦公室，正式展開招募員工。這個育成中心設有共用辦公設施，包括廚房、清潔服務、文具供應、WiFi 及會議室，甚至還有法學院的教授與學生協助專利申請。更重要的是，所有在此所做的發明專利與技術完全歸公司所有，而且這裡離校園步行不到十分鐘，環境極為理想。

馬里蘭大學作為州立大學，積極鼓勵教師將科研成果商業化，以增加就業機會，提升馬州的競爭力。學校經常來電詢問是否有計畫可以商業化，並表示能協助尋找資金與管理人才，無需我們費心張羅。因此，我成立新創公司的舉動，得到了校方大力支持。

然而問題很快來了。幾個月過去，那位所謂已簽約的投資人遲遲未兌現承諾，我只好自掏腰包墊付所有開銷。

我還特地去了台灣與這位投資人會面，當面一談，立刻明白此人毫無誠信可言。但棋已落定，無法回頭，未來的困境已成定局。我一次次自掏腰包，每次心中提醒自己，這些錢大概是收不回來了。但對於那些因我而離開原工作、加入公司的員工，薪資必須如期發放，這是信譽問題。

好不容易熬過了兩年，我自己一分薪水都沒領，終於有一家大企業決定投資，也帶來了專業的管理團隊。這筆資金償還了部分債務後所剩無幾，管理團隊首要任務是節流並尋找下一輪資金。然而，他們花錢如流水，卻未積極尋求新投資機會，不久公司又陷入債務困境，在這種情況下，沒有人願意再投資。所有投資者逐漸失去信心，要求撤換管理團隊，希望我親自出馬經營公司，因為他們和員工都信任我的品格與能力。

當初我已明言，我不想做管理，只專注於技術研發。但眼看局勢如此，我再也無法置身事外。經過上一次公司的教訓，我明白是該挺身而出的時候了。

一通電話，改變了公司的命運

但問題接踵而來，這時的困境已經不是單憑熱情可以克服的了。龐大的債務對一個新創公司來說是致命打擊，

幾乎不可能再找到任何願意投資的人。我忽然想起大學時期中友會的學妹 SR。她從台大畢業後到美國取得 MBA，與先生一起在美國西岸創業，從事房地產開發，事業極為成功，早已成為億萬富翁，但為人一向低調。

多年前，她們來東部探望孩子，也順道來我家走走。當時我用那輛老舊破車接送他們，那台車搖搖晃晃，下雨還會漏水。她回去後寄來一張五萬美元的支票，要我換一台安全的新車。我將那張支票撕成兩半寄回，並告訴她，非常感謝，她的心意我領了，我會自己換車。她回信說：「你幫過我很多，卻從不曾開口求助。如果你真的有需要，不要客氣，儘管告訴我。」

我鼓起勇氣，打電話給 SR。剛開口解釋公司狀況不到三分鐘，她便打斷我的話說：「我知道你的公司，我們見過太多這種事。我認識你三十多年了，我信任你，你不用再多說，我只有一個問題。」

我問：「什麼問題？」

她說：「你要多少錢？」

我誠實回答：「我需要一百萬美元。」

她說：「好，給我一週時間。」

我愣了一下：「一週？」

她說：「沒有人會手上隨時有一百萬現金，我得賣一

些資產。不過你手上應該已經沒有現金了吧？」

我說：「對，只有幾千元了。」

她馬上說：「那我明天先匯五萬美元到你帳戶，好讓你馬上能動起來。」

就這樣，我們起死回生。一週後，她已經匯來五十萬美元。我跟她說：「我也在其他地方努力籌款，不需要再匯剩下的五十萬，如果不夠，我再和妳聯絡。謝謝妳在這麼困難的時候伸出援手，我希望有一天能十倍奉還。」

同時，我也聯絡了在 UCLA 念書時認識的學弟 M，他來自印度 IIT，是當時我們的偶像。我兩年半就畢業，他一直很敬佩我。後來他進入 IBM 研究中心做到經理，又被延攬到華爾街一家用 AI 和物理模型進行投資的傳奇公司當合夥人，早已財富自由，也慷慨捐款給 UCLA 和 IIT。

我們多年未聯繫，我向他說明了公司的狀況和我們正在做的事，話還沒說完，他便打斷我說：「我認識你快三十年了，我相信你，也知道你做的事情從來不會失敗。我手頭剛好有五十萬美元閒置，你就拿去吧。」

同時，我還找到一間剛上市的公司，願意合作並投資五十萬美元，加上其他陸續到位的資金，我們總共籌得了約兩百多萬美元，終於為公司帶來一線生機。這已是 2016 年暑假，但這僅僅是走出低谷的開始，接下來仍有

無數風浪等待著我們一一克服。

RT 是日本一家投資公司的老闆，他眼光獨到，一眼便看出這項革命性技術將改變世界。他不僅出資，也積極幫助我們。我們也因此拿下日本 2017 年最大商展 CEATEX 的最高獎項 Grand Prix。這是極為難得的成就，因為這場擁有十幾萬人參與的展覽會只頒發四個 Grand Prix 大獎，其他三個得主全是日本的世界級大公司，只有我們是名不見經傳的小型新創公司。

經歷一番掙扎後，2019 年我們終於拿到了上千萬美元的 B 輪投資，公司總算開始步上正軌。

交棒給對的人，開啓全新篇章

同年春天，SM 加入了我們的團隊。他原本在一家美國大型企業擔任副總裁，與我們合作已有兩年多，最終決定正式加入團隊，因為他相信我們正在改變世界，他想要親自參與這場逐夢的旅程。其實，我們商業團隊中的許多人，原本都在我們的合作夥伴公司擔任領導職務。在深入了解我們的技術與團隊文化後，他們並非被挖角，而是一個接一個主動選擇加入。這不僅為我們注入了更多創意與能量，也證明了我們技術的實力與企業文化的吸引力。

SM 的專長正是我們最欠缺的市場行銷。他來之後，組建並領導了我們的商業團隊，這成為公司發展的重要轉捩點。從那時起，我們終於逐步走上正軌，開始起飛。我們先後獲得三項 CES 最佳創新獎、德國著名的紅點設計獎，以及無數其他獎項。同時，在 2019 年 10 月，我們的技術也透過一個知名的世界級 WiFi 品牌，推廣到全球百餘個國家。從此，普通的 WiFi 不僅能上網，還能提供家庭安防服務，甚至能用來監測老年人的健康狀況。

幾乎全球各領域的世界級大公司，包括晶片製造商、最大的電信運營商、家居安防與長照企業，甚至全球最大的燈泡與冷暖氣公司，以及手機和社群媒體巨頭，都在與我們洽談合作。我們的技術，正從最根本的層面改變各行各業的產業結構。

SM 工作勤奮，經驗豐富，人品誠懇，我們成為了好朋友。我深知，一個好的領袖不必凡事親力親為，而是要創造環境，讓周圍的人和團隊都能成功。有一天傍晚六點半，他還留在辦公室工作。我路過時，放下包包，關起門對他說：「我想了很久，決定把 CEO 的位子交給你。」

他驚訝地看著我，不敢置信。我繼續說：「是的，你從沒開口說想做這個職位，但我知道你會是個很好的 CEO。最重要的是，我信任你。我從來沒有想過要當

CEO，我當初只是在最艱難的時刻不得不挺身而出。我的心始終在科學研究裡，我希望能回歸本心，全力投入技術研發。我會繼續擔任董事長，領導董事會支持管理團隊。」

SM 激動地握住我的手說：「謝謝你的信任，我會全力以赴，不會讓你失望。」就這樣，公司迎來了一個全新的篇章。我們的無線感知人工智慧技術應用無窮，從那一刻起，我們真正開始邁向商業化的擴展階段。

忠於承諾，也忠於自己的夢想

2021 年 3 月的一天，馬里蘭大學來信通知我：「你的公司已經擁有眾多員工和大筆投資，學校不再認定它是新創公司，因此你不能再同時擔任公司的主管或董事會成員。」我回覆道：「我們在業界和投資界都被認定為 B 階段的新創公司，網上也可查到這個資訊，而且我們只有五十名員工，營收尚未達到大規模水平。」

校方負責人則表示：「根據過往案例，我們無法再認定你的公司仍處於新創階段。這是州法律的規定，我們作為州立大學的員工必須遵守。如果是私立學校，例如史丹佛大學，或者加州的大學系統，因為州法更新完善，就不

會遇到這樣的問題。」他還舉了個例子:「物理系有位教授創辦了量子計算領域的成功新創公司,學校也採取了相同的立場。後來,他選擇離開馬大,到南方一所優秀的私立大學擔任教職,並繼續在他創立的公司擔任技術長與董事會成員,沒有類似的限制。」

我明白,這時我已別無選擇。團隊因相信我而加入,投資者因信任我而投入巨資,我不能也不會拍拍屁股走人。我們已在同一艘船上,而且此刻正是最困難的時候,我更不能背棄對員工和投資者的承諾。為了信守這份承諾,我只能選擇從學校退休。學校各級領導極力挽留,新上任的院長也特別找我談話,試圖改變我的想法,但最後他也坦言:「我完全理解也支持你的選擇。我的父親是軍人,他從小教我,說出去的話就是承諾,必須信守。我知道你這樣的決定,對學校來說是個巨大的損失。」

我對院長說:「我的心意已決。我希望能做出一番與過去大半生學術生涯截然不同的貢獻。未來我並沒有打算,但此刻,這是我最想做也必須做的事。」

在馬大奉獻三十多年,我終於在 2021 年底遞出了退休申請,選擇忠於承諾。在這期間,不下三、四十所大學從東岸到西岸,甚至亞洲,都來邀請我加入,無論是講座教授、系主任、院長,甚至校長職位,我始終秉持一貫

的信念，繼續做我想做的事，追尋我的夢想。我從未為了頭銜、排名或高位而動心，也從不因現實利益而放棄追夢。只要堅持一貫的做人做事原則，在哪裡都能成就我想做的事。

到了 2025 年 1 月，馬大醫學院一位資深教授聯絡我，他說自己是馬里蘭州大學系統教授理事會的副主席，這個理事會直接隸屬於大學系統董事會，負責向總校長提供建議和協助處理問題。馬里蘭州大學系統下轄十餘所大學與分校，包括馬里蘭大學旗艦校區。大學系統的主要任務是與州長和州議會協調合作，爭取經費並制定教育政策。

他告訴我，他正致力於改善因州法不完善而導致的教授創新創業障礙，並向州長與州議會提出法案，希望我能協助推動改革，並在有聽證會時出席發言。我毫不猶豫地答應了。雖然這些遲來的改革對我而言已無實質意義，但我希望未來不會再有人遇到這樣荒唐的規定與困境。

第二十三章
勇敢追夢，無悔人生

就這樣，我從任職三十一年多的馬里蘭大學退休，那是一份終身職，不僅會支付我薪水直到生命的最後一天，還擁有全校僅 5% 教授才能獲得的「大學傑出教授」頭銜。許多人覺得可惜，但除了我對團隊的承諾之外，我還有更重要的事要做。我和團隊相信，我們的無線人工智慧技術正在改變世界，讓這個世界變得更美好。這是一項前所未有的革命性技術，也是我們共同的夢想。我已在學術領域奮鬥一輩子，也獲得過各種獎項，如今這個機會，能讓我將自己的技術直接影響社會和全球。我就全力以赴，義無反顧。

很多人問我：「你以後有什麼打算？」當然，我希望我們所做的事能成為一個獨角獸企業，舉足輕重，讓整個團隊都能分享到成功的果實。即便最終未能成功，我們所開發的技術，也必將成為一顆種子，繼續成長茁壯。現在

正是無線感知時代的開始,這項技術的應用發展及對人類生活福祉的影響,將不可限量。我們會堅定地走向未來,但成敗已不必由我來定論。我已幸運地在學術界打拼了四十多年,只有感恩,沒有遺憾。至於最後的夢想能否實現,那已不在我能掌控之中,也只能盡人事,聽天命了。人生的滿意與否,是自己的選擇和決定,而成就,則留待後人評價,就讓歷史去說吧。

最後,借用《三國演義》的結語,略作修改,以此作結:

> 紛紛世事無窮盡
> 天數茫茫不可測
> 鼎足問學已非夢
> 後人論評留汗青

也有年輕學子問我:「能給我們一些人生建議嗎?」

我反問:「如果我能在六十多歲的時候,放棄一個崇高的終身職去追求夢想,你還有什麼好擔心會失去的呢?」

趁年輕時,沒有太多牽掛,就去追求你的夢想,去做你真正想做的事。沒有冒險,就不會有收穫。別等到有了

房子、孩子和各種責任羈絆,才後悔失去了追夢的機會。為什麼選擇成為工程師和科學家?因為每個人都有一個初心,一個夢想。那就鼓起勇氣,放手去做。只有這樣,才能改變自己,改變社會,甚至改變世界。改變世界的人,都是勇敢追夢的人。

別太在意有什麼收穫回報,沒有「捨」,哪來「得」?人生是一種態度,一個過程,它沒有輸贏,總有起伏,有得意的時候,也有失意的事。重要的是,在這個過程當中,我們是不是在每個時間點都活得精彩充實,而留下一絲貢獻。沒有伏,焉知起?一個充實的過程就是充實的人生,那是最好的收穫。任何一個失敗只是告訴我們不要再犯同樣的錯誤。當夢想成真的時候,自然會有回報。

人生好比是騎單車,只有繼續往前跑才能平穩,一停下來便有可能倒下。如果你感嘆時不我與、平庸無奇,或接連失手失敗時,不用灰心,可能你的機遇還沒到來。人生的際遇就像是在衝浪,我們等著那個屬於我們的浪頭到來,一腳踩上踏浪而去。當一波一波的浪打到之時,我們是不是已準備好,有這個能力踏上一個大浪呢?當錯失了一個浪頭,下一個可能更大的浪遲早會來到,我們是不是已準備好拿下這個更大的浪頭呢?

莊子說:「無用之用,方為大用。」正是此意。不

忘初心，方得始終。每一個人都有他瀟灑存在於這個世界上的理由，只是那個答案只有走過人生的終點線之後才會揭曉。

當台大頒給我傑出校友獎時，我在他們製作的影片中最後說道：「我希望，曾經有我的存在，這個世界會因此變得更美好。」

我想做不平凡的事，但我只想做一個平凡的人。追夢去。

我是一個追夢的人。

圖片選輯

追夢的人

作者簡介

劉國瑞，美國馬里蘭大學傑出大學教授，國際電機電子工程師學會（IEEE）首位華人總裁、美國國家工程院院士、美國國家發明家科學院院士、美國科學促進會會士。在信號處理與無線通信領域具有開創性貢獻，發表論文逾 900 篇。曾獲 IEEE Leon K. Kirchmayer 研究生教學獎、IEEE 傅立葉信號處理獎，並於馬大任教期間，率領團隊開發出全球首套公分級室內定位系統。曾榮獲 CES 和 CEATEC 大獎，研究成果亦被評選為 IEEE 七大改變世界的技術之一。目前全力投入其創辦的新創公司 Origin Wireless，致力推動無線感知技術的產業化，以科技創新改變世界。

劉國瑞

畫盡天下賢士豪傑
常敬江上煙客主人

其耳向前，前方已是天涯
哪怕一步也走出千萬縹緲
是道別的時候了
你笑了笑，我揮一揮手
一條路便展向兩頭

1 國小時期
2 初中時期
3 高中時期
4 大學時期
5 坐在醉月湖正中，腳踩橋上，背對鏡頭的人（1983 年台大畢業紀念冊）

本心：問學人生

1 2004 年感恩節與學生在家中聚會
2 3 2005 年馬里蘭大學的研究團隊活動
4 2005 年馬里蘭大學的研究團隊活動合照
5 2007 年在夏威夷 ICASSP 與古井貞熙（Sadaoki Furui）合影

4

Lunch Panel Discussion on
"Future Needs and Directions in Signal
Processing Education"
ICASSP

5

本心：問學人生

1 2009 年起，我被提名並選為 IEEE 信號處理學會的總裁
2 2010 年在 ICIP 擔任主題演講人
3 2010 年在達拉斯與同事及舊生重聚

1　2011 年與博士生合影
2　2012 年以訊號處理學會總裁身分參加京都 ICASSP
3　2012年京都 ICASSP

本心：問學人生

1 2013 年在溫哥華 ICASSP 與部分舊生重聚
2 2017 在紐奧良 ICASSP 擔任主題演講人
3 2017 年 ICASSP 與同事及舊生重聚晚宴

1　2019 年獲頒大學傑出教授
2　2019 年獲頒大學傑出教授，與馬大校長及教務長合影

本心：問學人生

1 2019 年造訪台灣大學
2 2019 年感恩節與學生在家中聚會

1 2020 年疫情期間，在家中辦公室參加公司線上節慶聚會
2 2021 年底，從任教了三十多年的教職上退休，我秉持著一貫的理念繼續做我想要做的事，追尋我的夢想。

本心：問學人生

1 2022 年擔任 IEEE 總裁兼首席執行官
2 2022 年的 IEEE 董事會成員合照

1 2022 年於突尼西亞參加 IEEE 青年專業人員年會
2 2022 年在 IEEE 總部的總裁辦公室工作
3 2022 年 IEEE 年會大合照

本心：問學人生

1　2023 年在清大與交大演講
2　2023 年在成大演講
3　2023 年在台大演講

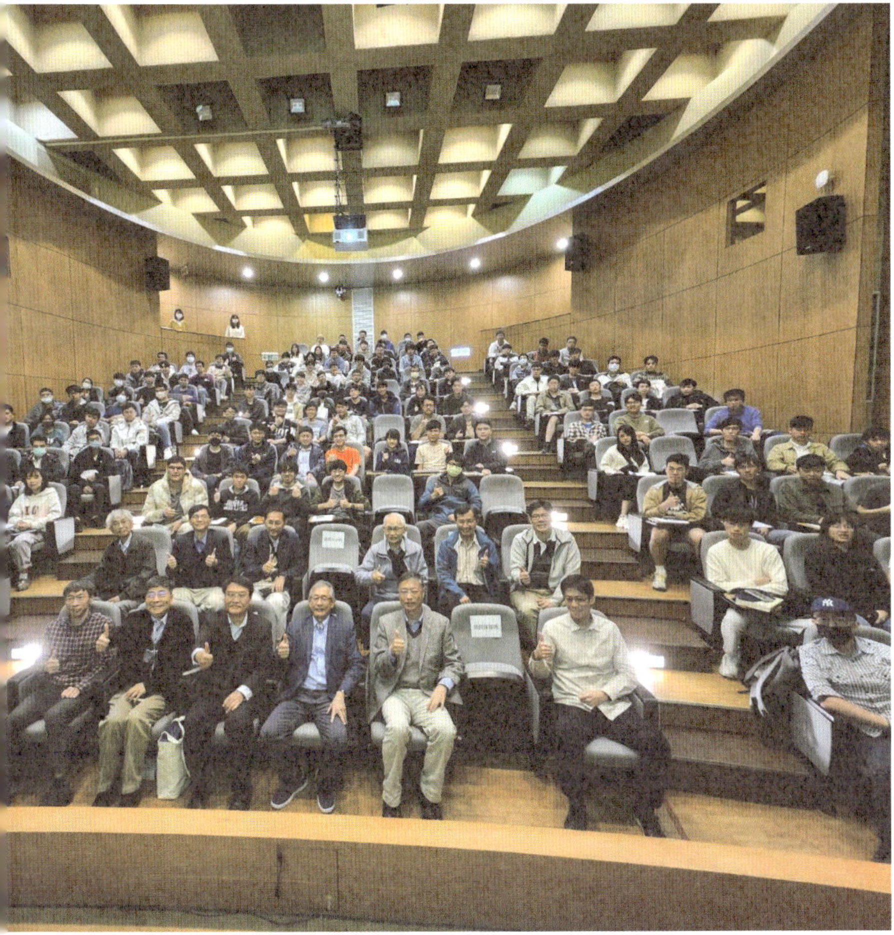

本心：問學人生

1 2023 年與舊生在北京重聚
2 2023 年Origin公司遷入新辦公室
3 2024 年攝於美國國家工程學院（The National Academy of Engineering）在美國國家天主教堂舉行的晚宴

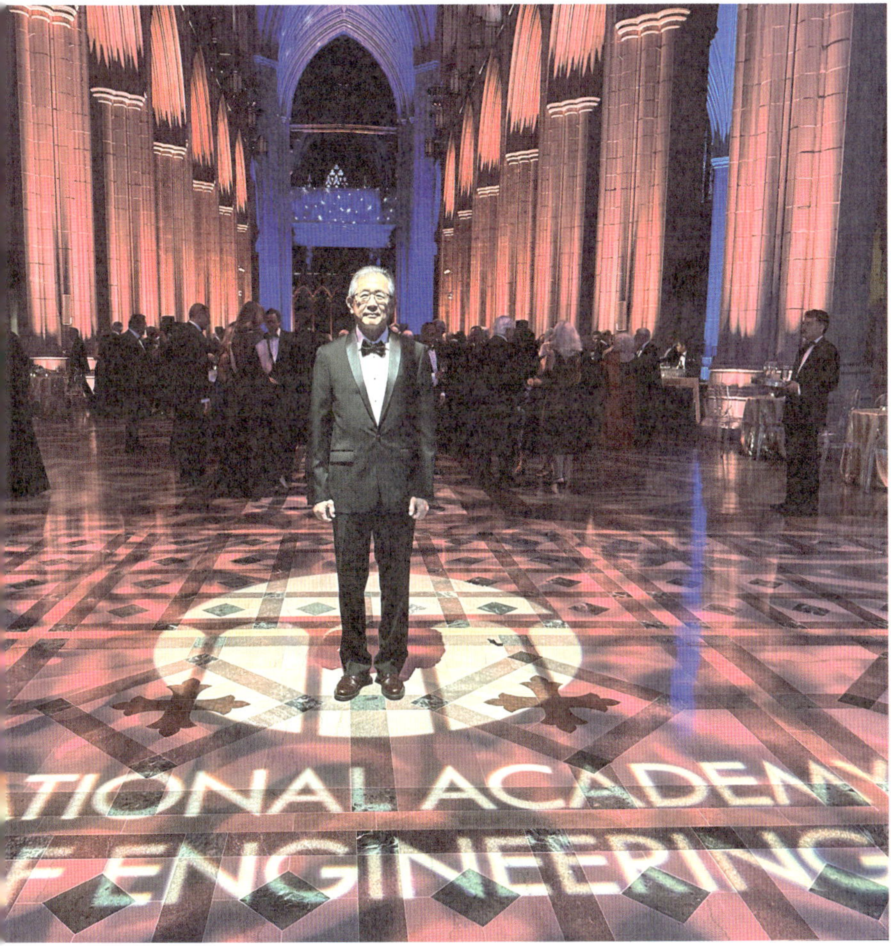
TIONAL ACADEMY
F ENGINEERING

本心：問學人生

1 2003 年西班牙巴塞隆納之行
2 2004 年埃及之行
3 2005 年加拿大班夫之行

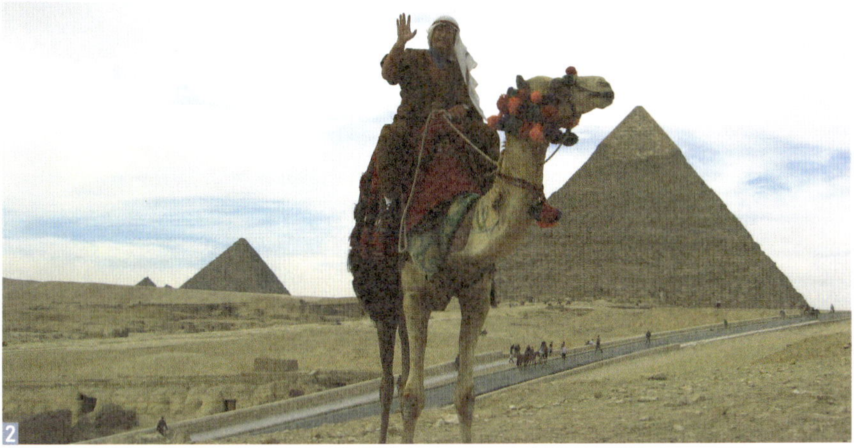
2

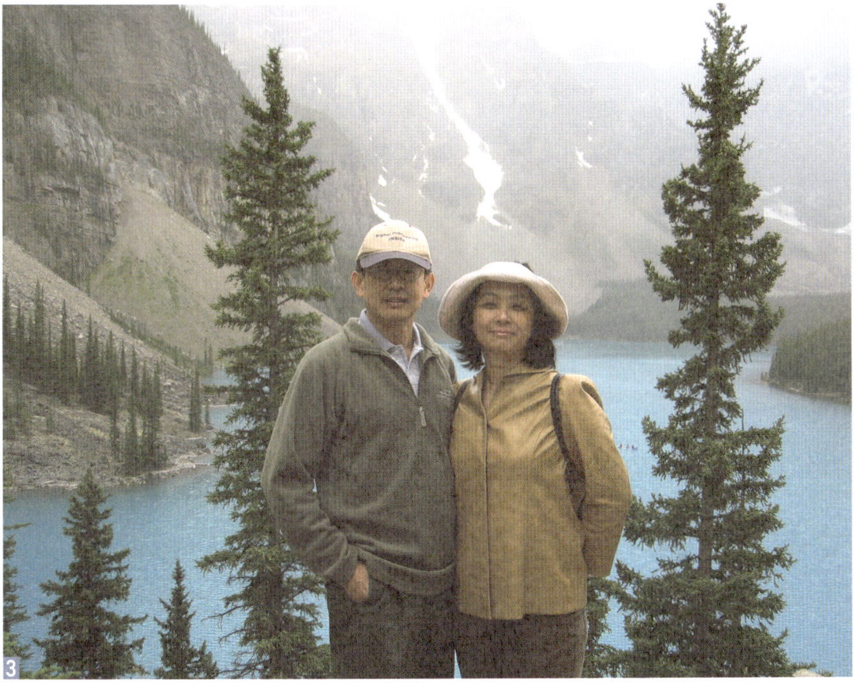
3

本心：問學人生

1 2006 年與父母在家中合影
2 2007 年家裡後院有一塊我悉心照料的小菜圃，除了冬季之外，這裡的土產多到吃不完。

3 2008 年北京之行
4 2010 年的冬季暴風雪

本心：問學人生

1　2011 年華山之行
2　2011 年與家人捷克布拉格旅行
3　2013 曾陪伴我們一家長達十四年的英國小型牧羊犬 Reo
4　2016 年蘇州之行

5 2023 年網球球友合影
6 2024 年聖誕節的家庭聚餐
7 2025 年波多馬克河畔的步道是當地居民平時娛樂運動的好去處,我經常在此慢跑、騎車或散步,也曾在夏天的波河中學習划激流皮艇。

本心：問學人生

釀時代43　PC1176

本心：問學人生

作　　者	劉國瑞
責任編輯	洪聖翔
圖文排版	陳彥妏
封面設計	嚴若綾

出版策劃	釀出版
製作發行	秀威資訊科技股份有限公司
	114 台北市內湖區瑞光路76巷65號1樓
	電話：+886-2-2796-3638　傳真：+886-2-2796-1377
	服務信箱：service@showwe.com.tw
	http://www.showwe.com.tw
策劃協力	天鈺環境永續基金會
	300 新竹科學工業園區篤行路6-8號3樓
	電話：+886-3-5788-618
	服務信箱：esg@fitipower.com
郵政劃撥	19563868　戶名：秀威資訊科技股份有限公司
展售門市	國家書店【松江門市】
	104 台北市中山區松江路209號1樓
	電話：+886-2-2518-0207　傳真：+886-2-2518-0778
網路訂購	秀威網路書店：https://store.showwe.tw
	國家網路書店：https://www.govbooks.com.tw
法律顧問	毛國樑　律師
經　　銷	聯合發行股份有限公司
	231新北市新店區寶橋路235巷6弄6號4F
	電話：+886-2-2917-8022　傳真：+886-2-2915-6275

出版日期	2025年8月　BOD一版
定　　價	450元

版權所有・翻印必究（本書如有缺頁、破損或裝訂錯誤，請寄回更換）
Copyright © 2025 by Showwe Information Co., Ltd.
All Rights Reserved

Printed in Taiwan

讀者回函卡

國家圖書館出版品預行編目

本心：問學人生 / 劉國瑞著. -- 一版. -- 臺北市：
釀出版, 2025.08
　面；　公分. -- (釀時代)
BOD版
ISBN 978-626-412-116-3(精裝)

1.CST: 劉國瑞　2.CST: 傳記

785.28　　　　　　　　　　　　114010323